CB135159

O BISBILHOTEIRO DAS GALÁXIAS

No lado B da cultura Pop

© Lazuli Editora, 2013

LAZULI editora

direção editorial Miguel de Almeida
direção de arte Werner Schulz
ilustrações Paulo Sayeg
edição Fernanda de Araújo Patrocinio
diagramação Luis Eduardo Rocco Consolo
fotografias Jotabê Medeiros
edição de fotografia Juvenal Pereira
capa Luis Eduardo Rocco Consolo

Visite o nosso site:
www.lazuli.com.br
Acompanhe no:
facebook: /lazuli.editora
twitter: @lazulieditora

Dados Internacionais de Catalogação na Publicação (CIP)
(Câmara Brasileira do Livro, SP, Brasil)

Medeiros, Jotabê
O bisbilhoteiro das galaxias / Jotabê Medeiros ;
ilustrações Paulo Sayeg. -- 1. ed. --
São Paulo : Lazuli Editora, 2013.

ISBN 978-85-7865-085-8

1. Celebridades - Fotografias 2. Fotografia
jornalística 3. Fotografias 4. Fotojornalismo
I. Sayeg, Paulo. II. Título.

13-11797 CDD-779.90704

Índices para catálogo sistemático:

1. Fotojornalismo : Fotografias :
Coleções 779.90704

A Editora agradece quaisquer informações sobre os detentores dos direitos autorais das imagens não creditadas neste livro, bem como de pessoas não identificadas nas fotografias, apesar dos esforços realizados para obtê-las.

Todos os direitos reservados
1ª edição – São Paulo – 2013

CÓPIA NÃO AUTORIZADA É CRIME
ABDR
RESPEITE O DIREITO AUTORAL
EDITORA AFILIADA

Lazuli Editora
Rua Patizal, 35 - Vila Madalena - São Paulo - Cep: 05433 - 040
Tel.: (011) 3729 6077

CTP, Impressão e Acabamento IBEP Gráfica
42824

O BISBILHOTEIRO DAS GALÁXIAS

No lado B da cultura Pop

JOTABÊ MEDEIROS
TEXTO E FOTOS

PAULO SAYEG
ILUSTRAÇÕES

LAZULI
editora

Sumário

Apresentação

Tenho a impressão de que, nesses tempos de Instagram,Tumblr, Facebook e outros que ainda não conheço, a fotografia amplificou seu alcance barbaramente. Mas confesso que sinto falta de seu protagonismo como instrumento de reflexão histórica: o papel de bússola imagética. Há uma profusão de imagens sem chão circulando pela internet, imagens que, produzidas com voracidade vaidosa, soterram seu significado quase que instantaneamente.

Foi um pouco por causa disso que passei a fotografar, sem nenhuma ambição profissional, as circunstâncias que envolvem meu trabalho. Sonhei que as fotos me serviriam um pouco como um guia, algo que ajudasse a circunscrever aqueles eventos e acontecimentos que eu testemunhava. A dar àquilo tudo uma espécie de invólucro humanístico, uma chave para o cotidiano, para o palpável.

Mas também comecei a fotografar porque notara que uma coisa do tipo cabalística estava acontecendo comigo, com muita frequência.

Em 1998, eu saí para tentar achar algo para comer no lounge do Jockey Club (São Paulo) e trombei com os alemães Ralf Hütter e Florian Schneider, fundadores do grupo Kraftwerk. Eles estavam trocando ideias com o pessoal que flanava por ali.

Em 2005, na cidade de Nova York, dei de cara com o Chico Buarque e o Salman Rushdie saindo do seu hotel para um encontro de escritores na New York Public Library.

Numa tarde de 2009, encontrei Van Morrison comendo sanduíche em um festival. E teve uma noite, no Rio de Janeiro, que cheguei antes de Mick Jagger para um jantar num restaurante.

No território sagrado do futebol, numa tarde ordinária, sentei lado a lado com Zeca Baleiro durante um Portuguesa X Santos, no Canindé.

Em geral, nessas situações, eu nunca estava à procura de ninguém. Era apenas uma brincadeira do destino: o Zé Ninguém encontra o Fulano Ultrafamoso. Em outras, eram momentos quase profissionais nos quais eu, após um show ou uma entrevista, como repórter da área de Cultura, ficava ali a observar as personalidades relaxando em alguma situação comum. Minha condição de anonimato me dava um saudável *habeas corpus* para bisbilhotar.

Havia um inconveniente nesses encontros fortuitos: pareciam invenção de uma mente mitômana. Teve um momento em que eu temi passar para a História da minha família como um cascateiro incorrigível. Imaginei minhas irmãs fazendo *bullying* comigo. **"Ah, conta de novo aquela história de como você encontrou o Jude Law no meio de uma plateia e ele estava incógnito ali! Depois conta uma piada de papagaio!"**, poderiam dizer.

Isso reforçou a ideia de levar sempre uma câmera comigo. Ao menos, teria uma prova como princípio de defesa. No começo, foi risível. Tenho uma foto em que só aparece a aba do chapéu do quadrinista Frank Miller, que estava almoçando no restaurante do Waldorf Astoria (Nova York) no mesmo instante que eu. As fotos que registrei nunca foram grande coisa – matariam um fotógrafo profissional de fome, pois não servem como ganha-pão. Mas eu passei a usar esses encontros como um laboratório de pesquisas da intimidade no *star system*. Ajudava no desenvolvimento do texto jornalístico: eram momentos de distraída humanidade, ou de introspectiva serenidade, ou ainda de indignada reação a uma emboscada.

Claro, há alguns livros que me inspiraram nessa tarefa (acho que a palavra certa é encorajaram). Por exemplo: *Disparos no Front da Cultura Pop* (Barracuda, 2005), do jornalista Tony Parsons. Ele foi uma "testemunha do pop", como eu, desastradamente, também tenho sido. Parsons estava presente quando David Bowie rezou o "Pai Nosso" em homenagem a Freddie Mercury, que morrera em 1991 de AIDS. Já Morrisey, dos Smiths, ele descreveu não como um dândi atormentado, mas "um homem troncudo de Manchester, de 33 anos, que fala de futebol e bebe cerveja direto da lata" À queima-roupa, Parsons perguntou a George Michael: "É verdade que você é um cretino arrogante, George?"

Outro volume referencial para mim é um livro que é quase um fanzine: *Grunge – Photographs*, de Michael Lavine. O trabalho semi-amadorístico de Lavine ajudou a dar os contornos definitivos ao movimento que mudou o rock nos anos 1990, e revelou bandas como Nirvana, Soundgarden, Mudhoney, Screaming Trees, Pearl Jam. "Eu tinha 19 anos em 1983, o ano em que descobri o punk rock. Dirigir até Seattle para ver bandas punks como X, The Clash e Iggy Pop era o nosso caminho para nos conectarmos com o universo", escreveu Lavine, que, com sua Leica M2, fez o inventário fotográfico de toda a sua geração.

Nunca demonizei o *show business*, embora sempre possuísse a consciência de que é um mundo manipulador, mercantilista, capaz de reciclar clichês com uma habilidade espantosa – e cinismo constrangedor. Muitas vezes, é um universo carente, delirante, messiânico. Mas há também uma riqueza nesse meio, uma busca autêntica de liberdade e de expressão; pedras brutas a serem garimpadas com peneiras de critério e paixão.

O jornalismo cultural que deriva desse mundo pop é, em geral, subserviente, acrítico, alienado da realidade. Acossado pela indústria cultural, pelas assessorias de imprensa, o jornalista deixa-se arrastar por uma enxurrada de "prioridades" de mercado. Por consequência, os textos, no território vaporoso da notícia fabricada, esfarelam-se, viram pó: perdem-se em meio a um emaranhado de códigos de barras.

Sempre tive por princípio que minha presença ali, como jornalista à deriva no ramo pop, poderia ajudar a desvendar, desmontar tretas, desarrumar tramoias, evidenciar futricas, farejar o novo e descrever o teatro que há em torno dessa existência, muitas vezes, fugaz. Fazer um texto com a ilusão da permanência, uma peça que se rebele contra sua própria condição. É o que tenho buscado nesses 25 anos de trabalho.

Iggy Pop disse certa vez sobre de Kurt Cobain que este **"tocou o mundo diretamente de suas feridas"** Sempre tive esse *insight* acerca do jornalismo cultural. Se a música, o cinema, a pintura, o teatro, (...) se a Arte pode tocar o mundo, por que o jornalismo não poderia ter essa pretensão? Por que, já que essa é sua própria matéria, não poderia almejar tocar as pulsões da vida humana?

Escrevi esse livro inteiro em cerca de 20 dias, desafiado por minha própria ambição de lutar contra a impermanência. Os pedaços dele só foram registrados anteriormente em fragmentos espalhados por blogs, pelo Facebook ou em algumas reportagens de jornal. O que fiz foi recuperar esse pequeno acervo, para reconstituí-lo e revigorá-lo com a memória.

Os artistas que retrato aqui são de três tipos: os que eu admiro muito (Bob Dylan, Roberto Carlos, Iggy Pop, Patti Smith); os que eu considero representativos de um espectro da cultura pop (Suicidal Tendencies, Fatboy Slim, MGMT) e os que me arrebataram com sua arte imediatamente (como o Carolina Chocolate Drops ou o Band of Horses).

Conforme fui desenvolvendo os textos (críticas, crônicas e ensaios) deste volume, notei que também esboçava um pouco as mudanças homeopáticas e vertiginosas de uma cidade e de um país, por conta da descrição do momento e da geografia social em que tudo ocorre. A atitude geral é a de um repórter, mas que não há aqui os escudos da objetividade a protegê-lo – é algo mais íntimo o que busco. Talvez a ambição se revele maior que a tarefa cumprida. **Porém, o material adiante pode, eventualmente, ajudar alguém a compreender o tempo em que vivemos.**

Iggy

Chácara do Jockey (São Paulo), 26 de novembro de 2005.

Vinte e cinco mil testemunhas do Lagarto presenciavam o espetáculo frenético e fora de controle de Iggy.

Iggy e suas cicatrizes no peito. Iggy e sua calça ameaçando cair. Iggy e sua voz cavernosa. Iggy e seu desprezo para com o desespero dos policiais tentando manter a ordem pré-estabelecida em algum contrato.

Iggy subiu nas caixas acústicas, jogou-se no chão, na plateia, chutou câmeras de TV. Parecia uma Alice correndo com aquele cabelinho loiro esvoaçante. Mas aí ele se voltava, os olhos e os sulcos na cara mostravam que aquela era uma Alice de filme do cinesta canadense David Cronenberg. No meio de "No Fun", ele deu a senha para uma invasão e o público não se fez de rogado. Agarrado, empurrado, arranhado, ele oferecia o palco à legião dos sem-microfone, que berravam palavrões e versos canhestros. A segurança dançou.

E os Stooges? Senhores, que banda de três acordes! Que banda! Os irmãos Asheton (o guitarrista Ron e o baterista Scott), além do baixista Mike Watt, multiplicavam o barulho de um *power* trio por mil. A cena foi insana: um fã que invadiu o palco fazia solos de *air guitar* à frente de Ron Asheton, e, mais louco ainda, o guitarrista respondia.

Pop

Não tenho ídolos, falhei nesse quesito. Mas gosto bastante de alguns sujeitos. Iggy Pop é um desses caras.

"Bateu na porta do inferno, mas foi devolvido"

Não seria um mau epitáfio para James Newell Osterberg Jr., de 66 anos – universalmente, conhecido como Iggy Pop.

Passou por um hospício, pelo purgatório das drogas pesadas, levou um pé nos glúteos – dado pela gravadora Arista Records. Passou pelo abandono progressivo dos amigos; chegou a usar heroína como terapia, para purgar o hábito do ácido, demônio que ele julgava "incendiar sua psique"

Um dia, em 1975, depois de a brisa do sucesso ter acariciado brevemente seus cabelos, ele desceu até a sarjeta e

caminhou a esmo pela Sunset Boulevard, em Hollywood. Foi quando uma limusine parou e o vidro foi abaixando. Era um cavalheiro muito branco, pálido, de bons modos, olhos de duas cores diferentes. Ninguém menos do que David Bowie, que o resgatou para a Arte novamente, o adotou durante alguns anos e o levou a reboque para Berlim.

Lembro da lista de exigências de Iggy, uma das mais divertidas do *star system* que já vi. Era para a apresentação no festival Claro Que é Rock, realizado na Chácara do Jockey, em 2005.

Foi feita por um agente malucão chamado Jos Grain e o texto era um primor de ironia e sarcasmo. “O jantar para Iggy e outras duas pessoas deve estar disponível no local do show ou num restaurante da cidade, após o show. Cozinha local é aceitável, além de bisteca, frango e espécies em risco de extinção (exceto mariposas ou coisas muito atraentes), cobras, baleias ou *nurse shark* (tubarão dormedor, ou tubarão-enfermeira, literalmente), com a enfermeira ao lado, só por precaução."

Três anos depois daquele show na Chácara do Jockey, eu e alguns amigos de profissão esperávamos um vôo para Copenhagen (Dinamarca) em Paris, no Aeroporto Charles de Gaulle. Íamos para Roskilde Festival. Não havia muito o que fazer e aquilo duraria duas horas.

Andei para lá e para cá pelo aeroporto recolhendo exemplares antigos dos jornais *Le Figaro, Le Monde, Liberation*.

Foi quando vi Iggy Pop candidamente sentado de chinelos e meia.

"Iggy Pop de chinelos e meia? Tá zoando?", pensei.

Ninguém acreditou, nem mesmo eu, no que eu dizia.

Resolvi tirar a limpo. Sentei ao lado dele.

"Iggy Pop é muito estúpido. Muito doce, mas muito estúpido", *Lou Reed.*

"Hey, Iggy. Para onde está indo?"

"Suécia, vamos tocar em um festival lá. Mas preferia estar indo para o Rio de Janeiro", brincou.

Demos uma gargalhada da falta de graça da frase.

Trocamos mais algumas palavras amenas, ele foi muito doce e perspicaz.

Meus colegas, então, deram conta de que era verdade, e cercaram Iggy, fazendo um arrastão de tietagem explícita.

Esperei que todos se fossem e ia fazer menção de pedir uma foto a Iggy. Mas ele se antecipou com um gesto generoso, como se dissesse: "É claro, meu chapa"

Bob Dylan

Procurar por Bob Dylan na tarde do Rio de Janeiro equivale a procurar pelo Eldorado no meio da Amazônia peruana. Como achar essa espécie de J.D. Salinger do rock entre ciclistas e corredores marombados, mulatas sargentellianas, turistas franceses e alemães com rostos tão vermelhos que parecem o braseiro da churrascaria Porcão? Dylan nunca quis ser encontrado, por que iria facilitar agora?

Ainda assim, naquela estupenda tarde de domingo, em 15 de abril de 2012, por contingência profissional (e obsessão pessoal: eu elegi um álbum dele, *Desire,* de 1976, como o meu preferido no livro *Noite Passada um Disco Salvou Minha Vida* – lançado pela Geração Editorial, em 2005), eu acordaria naquela manhã com essa decisão firme. Um impulso irracional me impelia a buscar por ele quixotescamente pela orla do Rio de Janeiro. A estratégia era tão óbvia quanto destinada ao fracasso: eu o buscaria dando um giro pelos hotéis mais estrelados do Rio.

Mas hotéis estrelados não combinavam com meu orçamento. No Fasano, às 13h, não restava outra coisa a não ser entrar e fingir naturalidade no restaurante, e pedir pelo que o dinheiro alcançava ali: um *carpaccio* de vieiras e uma taça de *cabernet sauvignon* chileno. Uma dica se o leitor quiser passar despercebido numa situação dessas: rejeitar o *couvert* nunca é um bom salvo-conduto para camuflar o boné, o jeans puído e o tênis novinho. Todos irão estranhar. Mas essa primeira parada só serviu para enrolar pouco mais de uma hora e meia, e não havia o menor sinal da comitiva dylanesca por ali, apenas um cheiro caro de requinte e exclusividade.

Do Fasano de Ipanema para o Copacabana Palace foi um pulo. Mas a piscina e o *buffet*

lotados de sósias de Jorginho Guinle não pareciam um bom refúgio para o bardo esquivo de Minnesota. Gastamos mais uns minutos enrolando ao pé da estátua de Ibrahim Sued, com sua famosa frase: "Ademã, que eu vou eu frente!" – e a inutilidade da empreitada começou a ficar mais penosa.

Ok, Ibrahim, você venceu! O estômago roncava, era hora de dar um chapéu nas obrigações e ir até a cantina italiana, que é um clássico desde 1976, tentando esquecer a frustração de mais uma pequena caçada inútil aos mitos do rock – bailes famosos de Mick Jagger e Bono Vox estão na conta dessa peregrinação. Ao sairmos, chegou uma mensagem no celular de um amigo aniversariante:

"Bom Dylan pra vocês!"

Entramos na tratoria, tomei a primeira taça de vinho, pedimos o de sempre. Após tomar a segunda taça de vinho, meio eufórico, eu disse:

> "Acabei de sonhar acordado que o Dylan aparece ali na porta da cantina e entra aqui. E eu peço para fazer uma foto de você e ele juntos!"

Ela gargalhou. Pouco antes das 16h, fizemos nossa saída pela esquerda, já abastecidos de uma refeição que custava metade do *couvert* do Fasano, tomando o rumo da Avenida Nossa Senhora de Copacabana, para o táxi final antes do show. Ao menos no show ele daria as caras e a torcida era para que naquela noite promovesse, novamente, um encontro com a sua música mutante, que inaugurou uma nova perspectiva para a Arte contemporânea. Caminhávamos sem pressa, uma mulher idosa com um daqueles andadores de ferro ia à nossa frente acompanhada de uma enfermeira – e nem pensamos em ultrapassagem.

"Aquele cara de touca e casaco ali parece o Bob Dylan", ela disse, desencanadamente, apontando para o lado de lá da avenida. **"Era só o que me faltava, um sósia a essa hora"**, eu pensei. Mas aí o sujeito se virou para cá e meu sangue gelou nas veias.

"A máquina! A máquina! A máquina! É ele! É ele MESMO!", eu grunhia, num desespero seco. Os segundos pareciam horas, a avenida parecia mais larga, Dylan olhava para um lado e para o outro sem se decidir, parado na frente da banca de jornais da Rua Inhangá. "No direction home", como sempre. "Se for para o outro lado, vai pegar mal correr atrás dele", pensei. Mas aí ele veio para o nosso lado, tranquilamente, como se fosse parte da paisagem, sem causar nenhuma curiosidade dos velhinhos e dos cães de estimação de Copacabana. Caminhando resoluto, com as mãos nos bolsos. Fez uma careta quando viu a máquina fotográfica, mas não parou, continuou andando na direção da lente, e passou por nós aceleradamente.

“Hey, Dylan!” Nada, nenhuma reação do homem.

“HEY, DYLAN!” “O que eu lhe diria?”, eu pensava, a cabeça formigando como pastel de feira no tacho fervente.

Ele já ia sumindo na rua quando se voltou e respondeu com um grunhido: **“You are a f... paparazzi!”** “Não, não, não”, eu jurava, querendo acreditar em minhas próprias palavras. **“Para quê a foto?”**, ele perguntou. **“Para o Facebook, para a gente mesmo”, menti**. Eu me peguei mentindo para Bob Dylan, minha alma estava ficando atormentada,

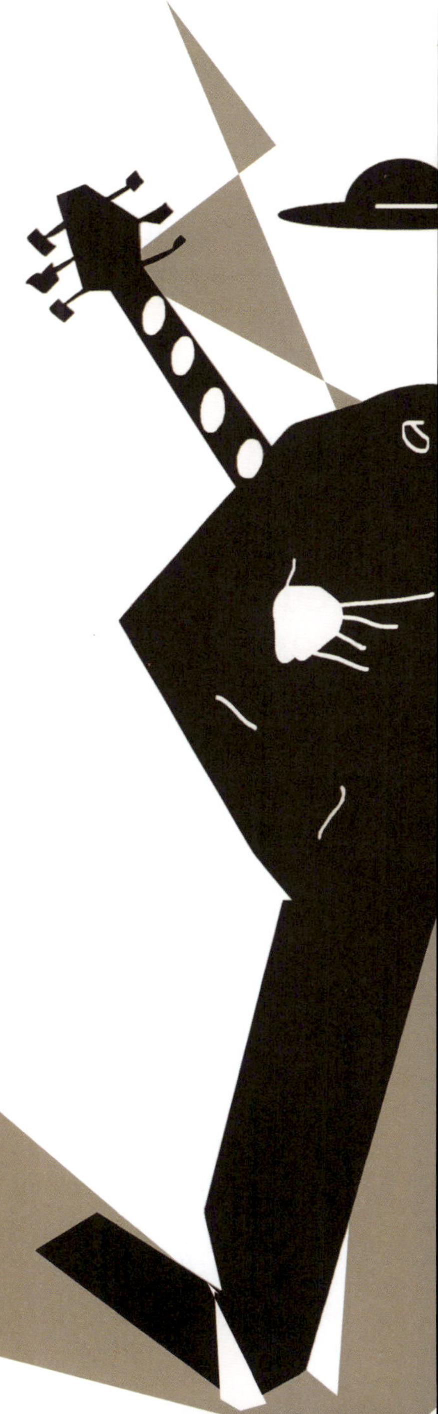

ele era o primeiro ídolo e será o último. **"Por quê?"**, ele ainda perguntou. **"Porque você é um dos importantes artistas do século XX"**, respondi sem pestanejar.

E ele sorriu. Só então ele relaxou. Pediu para a garota se aproximar, para que eu tirasse uma foto dele com ela. As mãos tremiam, o foco desapareceu, a rua desapareceu. Sorriu quando ela perguntou se estava se divertindo no Rio. **"Eu adoro!"**, respondeu. Eu não sabia mais como mantê-lo ali. "Você está com fome?", perguntei. Dylan acariciou a barriga com as mãos, fazendo o clássico gesto de bucho cheio. "Não mesmo." Eu apontei: "É que ali na rua de trás tem uma cantina italiana daquelas clássicas, sabe aquelas que parecem frequentadas pela máfia? Muito boa mesmo." Ele se interessou: "Para lá?" "Sim", eu disse. Recomendei o macarrão com camarões ao funghi, soberbo. "Ok", ele disse, sorrindo de novo, e mudou a direção para a rua de trás. Resolvemos deixá-lo em paz (mas aposto que ele viu a gente pulando e se abraçando no meio da rua como doidos, logo que reiniciou a caminhada).

Trinta e quatro graus na sombra, e Dylan de casaco, gorro de lã e bota de caubói. Achamos que ele se disfarçaria melhor se saísse de sunga branca e fones de iPod nos ouvidos. No táxi, as mãos ainda suavam, o coração destrambelhado – e eu olhava para o Rio e sorria como uma criança. Não acreditava nos meus próprios sentidos. Publicar isso tudo seria trair a confiança do velho Dylan? Acho que só se fosse por lucro e não seria o caso.

Veio à mente o que escrevi sobre a primeira vez que ouvi Dylan. "Não sei o que me fascinava mais, se a voz anasalada, fanha, feita de espasmos, ou se era a imagem de figurante de filme de caubói que Dylan ostentava na capa. Na fotografia, ele era aquele tipo de cara que seria inevitavelmente morto por uma bala perdida no *saloon*. Mas, apesar de portador compulsório de um destino trágico, ele tinha o sorriso sereno e um lenço esvoaçante no pescoço. Havia dignidade e autossuficiência naquela expressão"

Ao deixar a gente no hotel, o taxista, que ficou só ouvindo a euforia dentro do carro, as fotos sendo repassadas continuamente no monitor, perguntou: "Quem vocês focaram?" Ao ouvir a resposta, ele demonstrou conhecimento do assunto. "Ah, o senhor Zimmerman! O narigudo! Aposto que o reconheceram pelo nariz, não?"

De noite, o show de Dylan foi sobrenatural. Três músicas me revestiram a alma de uma sensação de indestrutibilidade que acho que pode durar a vida toda: "Simple twist of fate", do disco *Blood on the Tracks*, de 1975. Obviamente, "All along the watchtower", a última do *setlist*, composição do próprio Dylan, mas da qual Hendrix se apropriou definitivamente. E "It ain't me babe", do disco *Another side of Bob Dylan*, de 1964. Duas guitarras, violão e contrabaixo acústico. Que música linda, que pegada brutal dos capangas de Bobby Zimmerman. "Mas esse não sou eu, garota. Não, não, não, não sou eu, garota, não sou eu que você está procurando, garota"

E, claro, "Like a Rolling Stone" que, como de hábito, parecia um coral venusiano descendo nos meus ouvidos.

Guns N'

Chovia canivete em Jacarepaguá. A água chegava ao meio da canela. A sala de imprensa parecia o meião da bandeira gigante do Corinthians na arquibancada e o barulho lá fora parecia o som da bateria da Gaviões da Fiel.

Buscando refúgio alternativo, escorri com a água até os fundos do palco e andei uns 300 metros. Encontrei abrigo improvisado sob o caminhão de iluminação estacionado, porém ligado: entrava uma brisa de óleo diesel de vez em quando nos intestinos do monstro. Encaixei-me entre as rodas traseiras, onde já estavam outros quatro cúmplices. Quando eu erguia muito a cabeça, acaba enconstando no caminhão – e enchia as costas de graxa. A mochila ficou imprestável. Não dava para sentar, a água encharcava imediatamente a bunda, então, tive que ficar inclinado.

Axl Rose estava atrasado há quase duas horas. Sob a chuva, o público de 130 mil pessoas alternava irritação e euforia, vaiava e berrava. Mas até idolatria tem limite e o clima já começava a ficar tenso. **"Tão falando aí que ele chegou bêbado"**, murmurou um fã que encontrei pelo caminho.

Roses

“Ouvi um produtor dizendo que ele nem veio, se mandou com a Ellen Jabour”, noticiou um colega de infortúnio. Isso ampliava o rumor de que o egocêntrico *rock star* estaria com uma namorada brasileira – a reputação de Axl, no entanto, é justamente o oposto da de um pegador.

Em 2011, 10 anos após sua última aparição no festival, Axl Rose continuava se achando uma espécie de Greta Garbo do rock. Ele só desembarcou no Rio de Janeiro no início da véspera do show e não

apareceu para a passagem de som. Os horários das apresentações foram remanejados, atendendo ao pedido do cantor, para que a apresentação do Guns n' Roses fosse adiada. Havia até mesmo o boato de que ele estaria no morro vendo uma roda de samba enquanto a multidão o esperava na Cidade do Rock, para a apoteose do festival.

Durante a chuvarada, uma garota encostou no caminhão que nos servia de abrigo. As pernas da moça lembravam a coluna que Victor Mature derrubava no filme *Sansão e Dalila*. Só fiquei olhando as pernas, não sei do resto. No entando, ela falava ao rádio – era da organização – e deu a dica: **"Está saindo do camarim, vai entrar em sete minutos!"**

A chuva tinha amenizado, então peguei a máquina fotográfica da mochila, que estava cheia de graxa, e saí do abrigo. O repórter da *TV Globo* que tinha esperado durante 50 minutos em pé sob a chuva havia desistido. Provavelmente, aconteceu também alguma dissidência na segurança, pois só havia três caras ali. Fiquei na grade e esperei. Lá vinha ele.

Axl Rose apareceu segurando um guarda-chuva e usando *raincoat* amarelo – um visual que lembrava o Inspetor

Bugiganga –, com chapéu, bandana e óculos escuros. Logo ele revelou a velha alergia a fotógrafos, lembrando terrivelmente Michael Jackson, como se fosse um espelho invertido. Um *Jacko redneck*, vermelho e antianoréxico, mas igualmente alienado ao mundo.

Curioso vê-lo ali com a sombrinha e o visual roliço após tantos anos. A última vez que conseguimos chegar perto de Axl Rose foi em 1992, Maksoud Plaza. Ele ainda era magrelo e ágil, e apareceu no mezanino do hall para atirar uma cadeira nos jornalistas – cinco deles foram à delegacia para denunciar a atitude do cantor. Nos últimos 20 anos, não é difícil imaginar como, um a um, os outros integrantes do Guns n' Roses foram sacados ou simplesmente desistiram. Hoje em dia, Axl raramente encontra músicos voluntários para sair em turnê com ele.

Certa vez, eu estava fuçando nos arquivos do Departamento de Comunicação Social (DCS, uma espécie de sucedâneo do DOPs), abertos à imprensa em 2010. Encontrei um pedido para a Polícia Civil abrir um "procedimento de observação de um roqueiro em trânsito pelo país: Axl Rose" Tal solicitação foi por conta do incidente no Maksoud Plaza, em 1992. Os agentes do governo faziam a investigação a partir do boletim de ocorrência que afirmava o seguinte acerca do norte-americano William Bailey: "músico, branco, alcunhado Axl Rose, e líder da banda Guns and Roses" Axel virou suspeito de subversão, porém, no máximo, poderia ter sido enquadrado como um encrenqueiro ordinário de bar de sinuca.

Mas ele soube construir sua mística, seu universo particular. Axl e sua sombra amarelada passaram como um raio pelo corredor polonês. Quando ele subiu ao palco, minha máquina molhada era a testemunha solitária.

"Bom dia", disse Axl ironicamente aos que o esperavam há duas horas e meia – já virava a madrugada, ele deveria ter entrado no palco ainda no dia anterior. A apresentação do Guns n' Roses durou 2h15, uma jornada infinita pela madrugada adentro. Em **"November Rain"**, o cantor brincou com a letra ao mencionar a **"fria chuva brasileira"** que recepcionara o show. Um dos guitarristas tentou correr no palco e se estatelou no chão.

"Faltou 'Don't Cry'", reclamou um garoto sentado sobre um container de lixo na saída, enquanto os fogos explodiam na Cidade do Rock. Outros lembravam ainda que "Civil War" e "Used to Love Her" também ficaram de fora. Mas faltou mais que do "Don't Cry"

Não me senti tentado a escrever sobre tudo que faltou. Eu ainda me lembrava das cartinhas que centenas de fãs me enviaram acerca da minha última crítica a um show do Guns n' Roses, no dia 16 de janeiro de 2001. "Insensível", "egoísta", "estúpido", "desagradável" Ainda hoje tenho algumas delas guardadas.

"Parece que o jornalista estava sofrendo com uma dor de barriga durante os shows. Ou com uma insistente enxaqueca. Só assim para explicar seu mau humor e as críticas negativas que fez a absolutamente TODOS os shows, com comentários pouco convincentes ou pretensamente irônicos, como chamar o vocalista Axl Rose de 'padre Marcelo de ocasião'", dizia uma delas. Escrever crítica de rock, de um show visto por 130 mil pessoas, é como escalar o selecionado nacional – sempre haverá umas 30 mil que vão divergir violentamente de sua escolha. As outras serão muito mais objetivas: simplesmente vão querer matar você.

LED ZEPPELIN

Sempre achei o Led Zeppelin chique. Principalmente, chique. Os caras que sabem viver, não são novos ricos, nem ostentam. O sarcasmo é chique, o ar *blasé* é chique, a música é chique. Mick Jagger sempre foi um tanto deslumbrado, afinal tem ilha no Caribe, vai comer no Antiquarius – coisas deste tipo.

Em 2012, quando me escalaram para ir à Nova York para entrevistar o Led Zeppelin, parecia uma pegadinha. "Qual Led? Aquele?" Parecia altamente irreal. Nessa foto que fiz no auditório do Museu de Arte Moderna (MoMA), duas horas após desembarcar no Aeroporto JFK e ainda sem ter tomado café, Robert Plant tinha acadao de entrar na sala. Ele pegou o microfone da mesa da coletiva de imprensa e cantarolou *"Treat me like a fool"*, verso inicial da abertura de "Love Me", de Elvis Presley, enquanto encarava os presentes.

Nesse mundo pop, algumas coisas são absurdas, mas, paradoxalmente, compreensíveis. A coletiva do Led Zeppelin, em Nova York, em outubro de 2012, ensandeceu os fãs, os mitômanos, os caçadores de bugigangas para leiloar no e-Bay e a imprensa. Enviei a seguinte mensagem para a redação:

"Estou no Hotel Pensylvannia, na 7th Avenue. Meus textos serão os seguintes: o principal conterá a entrevista e o auê em torno da chegada da banda, que veio pela última vez nos Estados Unidos em 1977, há 35 anos. Texto acerca de como é o documentário sobre o show do Led Zeppelin música à música (foram 22 canções, peço umas três linhas para cada canção). Eles tiram sarro de todo mundo, então seria bom ter um coquetel de frases. Seria legal colocar uma foto histórica deles no auge, quando eram jovens. O Robert Plant, quando um cara perguntou o que mudou nele de lá para cá, riu e respondeu: "Eu costumava ser bonito..."

O Led Zeppelin era uma lembrança boa do passado, mas não parecia real estar ali por eles. **Eram criaturas mitológicas, não uma banda.** E eles estavam de fato ali. O que os conduzira até esse encontro tinha sido uma caramadagem: no dia 10 de dezembro de 2007, o grupo se juntou para um show único.

LED-ZEPPELIN
LED-ZEPPELIN
LED-ZEPPELIN
LED-ZEPPELIN

O palco foi a O2 Arena, em Londres, para prestar uma homenagem ao amigo Ahmet Ertegün (fundador da Atlantic Records), que havia falecido. Somente 18 mil pessoas conseguiram ver o show, apesar de 20 milhões de outros fãs terem tentado o ingresso via internet – o maior afluxo da História para um show de rock.

De frente com o grupo, a imparcialidade foi esquecida. Os jornalistas enlouqueceram, aplaudiam cada frase e cada música do filme como se estivessem em uma matinê. Agradeciam reiteradamente aos músicos por terem lhes dado tal privilégio, pediam autógrafos e mandavam beijos. Alguns portavam discos de vinil escondidos em sacolas da *Bloomingdale's*. Brigavam entre si para fazer perguntas ou para qualificar as mesmas.

Quando um jornalista da CNN perguntou "por que seria tão duro para vocês se reunirem de novo?", um colega fotógrafo berrou lá no fundo do auditório do MoMA: "Eles já responderam isso um milhão de vezes, senhor!" Após um longo silêncio constrangedor, a resposta de Robert Plant não deixou margem para dúvidas. "Nós sabemos o porquê não", afirmou, olhando para o rapaz da *CNN*. Mas era, de fato, misterioso. O encontro não era para que eles tocassem novamente, mas o Led Zepellin manteve intacto o confronto com a antiga "imprensa especializada", hoje quase reduzida ao pó.

A fleuma desafiadora e conflituosa permanecia a mesma. Robert Plant ironizava com *gags* rápidas e velozes todas as perguntas que lhe eram dirigidas. "Há pessoas aqui que não são jornalistas. Tem uma galeria aqui que não é da imprensa. Acho isso sempre tão excitante", disparou Plant. Chamou um jornalista da *Associated Press* de "*schmuck*" por ter perguntado se o filme não significava que a banda estaria pensando no próximo grande passo. **"Eu acho que a gente está sempre pensando sobre tudo. E agora não conseguimos lembrar no que andamos pensando"**, disse.

Curiosa é a relação entre Robert Plant e Jimmy Page. O cantor nunca afirma algo sobre o Led Zeppelin sem olhar para o lado, e Page nunca concorda inteiramente com o que ele diz. Ainda assim, parecem ter selado um acordo de paz definitivo, porque não se hostilizam, nem se confrontam. A impressão é a de que o Led Zepellin havia conseguido uma trégua em seu clima de guerra permanente.

Naquela terça-feira, já quase quente em Nova York — afinal, era fim de inverno e início de primavera —, Robert Plant (vocal), Jimmy Page (guitarra), John Paul Jones (baixo e teclados) e Jason Bonham (bateria), se divertiram destroçando uma nova tentativa de aprisioná-los. Celebravam ao mesmo tempo os últimos espasmos de uma indústria da música, que morreu com Ertegün. "Uma das melhores coisas do mundo era assinar um contrato com a Atlantic Records", confidenciou Robert Plant.

O show, agora já amplamente conhecido, que mostraram na saleta de exibição do MoMA renovava velhas crenças. Ao longo de duas horas de reencontro, a banda recuperou alguns pressupostos básicos: o peso, o delírio, a subversão e até o erotismo, apedar da impressão de que a máscara de cera de Page e Plant iria derreter. O show descabelado e descontrolado ficou irresistível. A sua força sobreviveu, o que é admirável. **Page se torna o demônio conforme vai derretendo e, quando toca guitarra com o arco de um violino em "Dazed e Confused", faz a viagem valer a pena.**

John Paul Jones só disse umas quatro frases completas durante toda a manhã. Contou que ensaiaram em Shepperton (Inglaterra) durante seis semanas para o show de 2007. Jason Bonham (filho de John Bonham, baterista do grupo que morreu em 1980) revelou que já teve mais de uma chance para tocar com os músicos. Porém, só cedeu quando veio a proposta de um show completo, bem acabado, sem ser em um festival. "Assim como Jason, eu também estava maravilhado em tocar com o Led Zepellin", confessou Plant.

Robert Plant se monta para os shows. O cabelo dourado sempre parece um tesouro maia, suas calças parecem ter acabado de sair de um desfile da semana de moda de Paris. Mas, na coletiva ele estava com o cabelo grisalho, sem pintar, amarrado, segurando papéis, quase um *anti-star*. "Nós só queríamos fazer isso direito, e mostrar para os mais jovens, que só tinham ouvido falar da gente, do que se tratava", explicou Page. "Whole lotta love"

PATTI SMITH

Em 2004, durante uma temporada em Nova York, um amigo apareceu para me visitar e o levei à minha cantina preferida do Village, a Tratoria Dante. Numa mesa ao fundo, uma mulher de cabelo desgrenhado almoçava com um homem. Era Patti Smith.

Reconheci logo, mas meu amigo duvidou e fomos até ela para tirar a dúvida. Patti foi solícita, mas falou quase nada. Tinha um olhar de quem cobra profundidade, porém eu e meu amigo estávamos sob o efeito lento, provocado pelo vinho.

Poucos meses depois daquilo, em janeiro do ano seguinte, estava um dia frio de cortar o sangue. Fui reencontrá-la também por acaso, no dia 1º de janeiro do ano seguinte, na igreja de St. Mark's Place. Estava uma frio intenso e a algumas quadras dali, ela declamava poemas entre outros poetas, como faz todos os anos – uma tradição de quase 30 anos. Anos depois, em 2006, ela baixou como um cometa pela Marina da Glória, numa noite escaldante no Rio de Janeiro – e eu estava lá.

Poeta, memorialista premiada, fotógrafa, compositora, cantora, ativista. Patti Smith dispensa aditivos em sua arte. Já se recusou aos principais rituais do comércio e da segurança artística. Ela transforma o excesso em essência.

Em 1966, com apenas 19 anos, Patti teve um filho. Enquanto paria naquele hospital de New Jersey, as enfermeiras a chamavam de **"filha do Drácula"** Quando saiu da maternidade, ela deu o filho nos braços de um casal generoso, e então rumou para **Nova York** para tentar ser alguém na vida. Nunca mais viu o bebê.

Virou *homeless,* dormiu nas praças, pediu comida e sonhou com Rimbaud. **"Eu era uma coisinha magricela com um metabolismo acelerado e um grande apetite"**, conta. No verão de 1967, conheceu Robert Mapplethorpe, que viria a ser o seu primeiro amor. Sua visão do mundo clareou. A história desse encontro e de como Mapplethorpe desenvolveria suas habilidades, além de se descobrir homossexual, só viria a ser contada 46 anos depois, no livro *Só Garotos* (Companhia das Letras, 2005), que ganhou o National Book Award.

Em 2012, Patti fez uma canção para cantora Amy Winehouse, morta no ano anterior, na qual canta: "Essa é a garota que berrou para ser ouvida" O nome da faixa é "This is the girl"

Patti é reverenciada e reverencia.

Já em 2013, fui a New Orleans já com o plano em mente: era hora de reencontrar Patti Smith, que tinha confirmado show na cidade. Chovia muito e metade da plateia estava enfiada na lama, vestindo capas de plástico transparentes. Enquanto esperava pelo show, a cantora veio caminhando pelo *backstage* com uma touquinha preta de lã e passou por mim, que tiritava de frio na chuva.

Parecia estar fazendo algum exercício de concentração. Lembrei de uma frase que ela me disse por telefone para uma entrevista: "Os bastardos hoje são sinceros" Era a respeito do filme mais recente de Jean-Luc Godard, *Film Socialisme* (2010), no qual ela participou. "Parece que sim. Momentaneamente, eles venceram. Pequenos pensadores criminosos. O mal demonstra mais solidariedade que o bem e as boas pessoas assistem sem reação a essa virada. A direita argumenta mais, fala mais. Às vezes é frustrante, para quem é humanista. O problema maior é a insinceridade", completou na ocasião.

Quando ela subiu ao palco com sua banda, às 17 horas, ainda chovia. Na metade do show, o Sol voltaria a brilhar em Fairgrounds, hípica onde os shows se realizam. Logo ficaria claro que ela não faz apenas um show, mas sim uma espécie de sessão de descarrego: um exorcismo para livrar o espectador de seus males, preconceitos, certezas capengas, pequenos egoísmos.

Patti Smith recusa-se a ser aquele tipo de artista que nivela por baixo. Ela obriga o espectador a renovar suas ambições artísticas e o submete a um ritual de purificação. Ela abriu com "Redondo Beach", do seminal disco *Horses* (Arista Records, 1975), e fechou com "Gloria", sua cover especialíssima da banda Them. Ao seu lado esquerdo, como de hábito, com a vasta cabeleira grisalha, o guitarrista Lenny Kaye (aquele mesmo da cantina do Village, companheiro desde a década de 1970, quando ela declamava versos, uma espécie de Nelson Jacobina de Patti). No show, ela dançou, sorriu, contou histórias curtas e enevoadas.

"Vocês todos escutaram (histórias) a respeito do CBGB em 1977", disse. O CBGB foi um lendário clube noturno de Nova York que lançou bandas como Ramones, Television, Blonde e também Patti. "Bem, Tom Verlaine (líder da banda Television) e eu já estávamos por lá em 1974, e costumávamos subir ali no balcão e observar os discos voadores voando dentro do nosso pequeno clube", contou a cantora, para logo, em seguida, iniciar "Ghost Dance"

Patti Smith canta com fúria, esgrime o ar, ergue as mãos, cerra os punhos, berra. Quando termina, olha para a plateia com um sorriso beatífico, como se estivesse aliviada de escapar da própria desintegração. Seu discurso político é simples. "O que as corporações mais temem é quando estamos juntos. Se soubermos usar isso, seremos invencíveis", diz.

É um show feminista, de afirmação feminina. Mas Patti, generosa e chefe de um grupo masculino, sai de lado no meio de tudo e deixa que Lenny Kaye assuma o palco na interpretação de "Night Time is the Right Time", dos Strangelovers, em um *medley* de rock de garage. Até então um show de exclusivo orgulho feminino, de afirmação contínua, vira uma festa de

"só garotos", com os dois guitarristas e o baixista Tony Shanahan (que também toca teclados e canta) assumindo a ilusão de potência angular do *rock and roll*.

O público, que ainda se abrigava em sombrinhas e capas de chuva, não resistiu à sinergia que surgiu com "People have the Power" Patti acelerou tanto o show que avisa que acrescentará outra canção para não sair antes do tempo. Assim, o show ganha mais 15 minutos. O baterista tira os fones de ouvido, pois está atônito – não sabe qual a música que será executada em seguida. Tony Shanahan inicia ao teclado os acordes de "It's a Dream", de Neil Young. Todo mundo já sabia, então, que aquela que estava ali não era uma mulher que toca por uns trocados. É sua própria vida que ela deslizava por cima da água represada na lama de New Orleans. **Uma música xamânica, curativa. Provocativa.**

THE

Sentado em uma pedra no gramado do Central Park, em Nova York, sob a vigilância da namorada Rachel, que o observa em outro morro, ao lado. Diante da cena, Matt Berninger parece tudo, menos o autor de músicas densas e profundas como "*Fake* Empire", "Green Gloves" e "Racing Like a Pro" Vocalista do The National, ele é uma figura solar, suave, desencanada.

Berninger passeia pela pracinha a poucos minutos de seu show no Central Park SummerStage – evento realizado no meio do parque, na altura da 72nd Street. Ele aproveita e concede algumas entrevistas. A agenda estava atribulada, pois havia feito shows em Chicago (domingo), Nova York (segunda) e na terça já estaria em Oslo, na Noruega.

Escalada pela primeira vez para o TIM Festival, em outubro, a banda The National virou um culto na América do Sul. Grandes linhas de guitarra, a cargo dos gêmeos Bryce e Aaron Dessner. Baixo e bateria fulminantemente com influência dos anos 1980, a cargo dos também irmãos Bryan e Scott Devendorf. Trompete e trombone, ao fundo. Piano para elevar a voz grave de Berninger.

NATIONAL

O nome The National foi escolhido por ser o mais ordinário possível, segundo Berninger. Mas já lhe trouxe problemas: na Alemanha, tiveram de explicar que não tinham nada a ver com nacionalismo, o que estava sendo confundido com neonazismo. Mais recentemente, o candidato à presidência dos Estados Unidos, Mitt Romney, usou uma música deles sem autorização e foi processado por isso.

Aquele cara pacato sentado na pedra no parque se transforma em cena e vira um torturado rodando pelo palco com a mão na cabeça, como um sonâmbulo ou um personagem do cinema

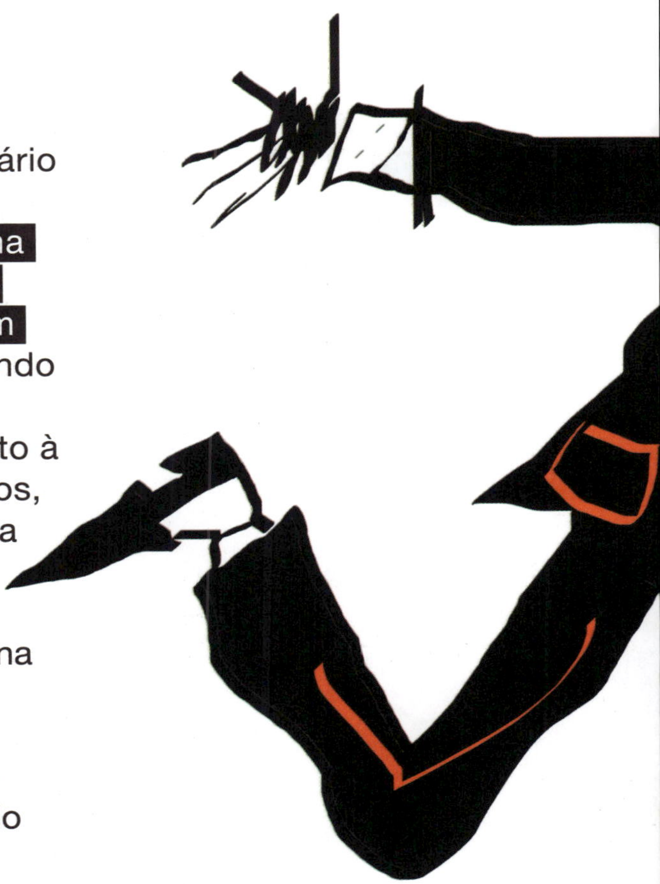

FUZE
The National
Summer
2008

impressionista. Na revista *Fake Empire*, Matt Berninger chamou isso de "mistura de Ian Curtis com Rain Main", em referência ao personagem autista de Dustin Hoffman no cinema. "Há momentos de melancolia e sombrios. Mas há também momentos claros, otimistas, felizes e tolos, há muito humor nas canções. Um equilíbrio saudável. O lado sombrio está na música e talvez ele pareça mais sombrio do que realmente é, ou talvez esses sejam os momentos mais memoráveis para quem ouve. Nós temos sido rotulados como uma banda dark por muito tempo, e eu entendo, mas não acho que seja só isso", me disse Berninger em 2008, durante uma entrevista em Nova York.

Cinco anos depois daquilo, The National e Matt Berninger acumulam notável prestígio como *rockers.* Não há um lugar onde toquem que não sejam reverenciados e ouvidos com silêncio e solenidade. Berninger segue nessa linha de dupla militância, entre o sombrio e o solar. "Nunca ouvi de verdade Joy Divison e Bauhaus. Joy Division acho que só ouvi pela primeira vez uns 7 ou 8 anos atrás, depois de a banda já ter começado. Claro, ouvi 'Love Will Tear You Apart' e 'She Lost Control', mas nunca tive um disco do Joy Division. Era mais fã dos Smiths. Sou mais influenciado por Nick Cave, Leonard Cohen e Tom Waits", apontou.

Jude Law

Havia mais mulheres felizes e namorados contrariados do que em show do Chico Buarque. Horas antes do espetáculo, numa tarde de quinta-feira, elas já começaram a fazer uma ruidosa fila à frente do Broadhurst Theatre, na 44th Street em Nova York, para ver a Hamlet. Na Broadway as pessoas entram nas filas por qualquer motivo, mas aquela fila certamente era diferente das outras – mais perfumada, maquiada e repleta de saltos altos. Era o dia 9 de novembro de 2009 e a fila iria se repetir até o dia 6 de dezembro, enquanto o ator inglês Jude Law estivesse ali estrelando a última de 12 apresentações lotadas da peça de William Shakespeare, na versão de Michael Grandage.

"Jude é bonito, mas Shakespeare é melhor", jurou Chelsea Trowbridge na calçada do teatro, após a sessão. Ela é estudante de inglês e foi ao teatro, acompanhada da amiga Danielle Burkee. "Não tenho tanto conhecimento de teatro para julgar as interpretações, mas me parece que ele foi muito bem, assim como todo o elenco." Me engana que eu gosto, Chelsea!

Aquela peregrinação feminina em torno de Jude Law não deve surpreender os mais experientes, mas eu confesso que estava embasbacado. O ator ficou descalço a maior parte do tempo, parecendo vestir um pijama da *Gap*. Aparentava ter acabado de acordar

e estava indo à cozinha para pegar um suco na geladeira. Jude Law fez ali um Hamlet casual, falsamente desencanado, que até imitava macaco e caranguejo. Até fez uma piadinha levemente homofóbica ao acariciar o braço de Horatio (Matt Ryan), soltando-o de repente. "Isso está ficando esquisito", disse na cena. As dezenas de casais gays na plateia não chiaram porque, no final, Horatio beija a testa de Hamlet enquanto este morre em seus braços (não era para contar o final? Ah, *come on,* é Shakespeare!).

Confesso que não sou grande fã do ator. "Jude é um ator muscular, visceral e tem uma conexão direta com as emoções mais cruas", defendeu Michael Grandage, o diretor. Muito conveniente, afinal a peça é dele.

Hamlet disse a famosa frase **"To be or not to be"**

debaixo de uma tempestade de neve. O crânio do rei era escavado no meio do palco, na mesma cova em que fora enterrado o corpo de Ofélia, bem defronte dos olhos da plateia. "Meu destino me chama", berrava Hamlet. Ninguém parecia acreditar. "Mesmo que não fosse tão bom, eu teria gostado", afirmou Melanie Riese, balconista e nascida em Las Vegas, saindo da sessão feliz como pinto sai do lixo. Se era bom? O fato é que muita gente estava por ali pensando que esse tal Shakespeare era um novo roteirista rico de Beverly Hills.

Acho que o melhor papel da vida de Jude Law é como o matador-fotógrafo do filme *Estrada para Perdição* (2002), com o Tom Hanks e

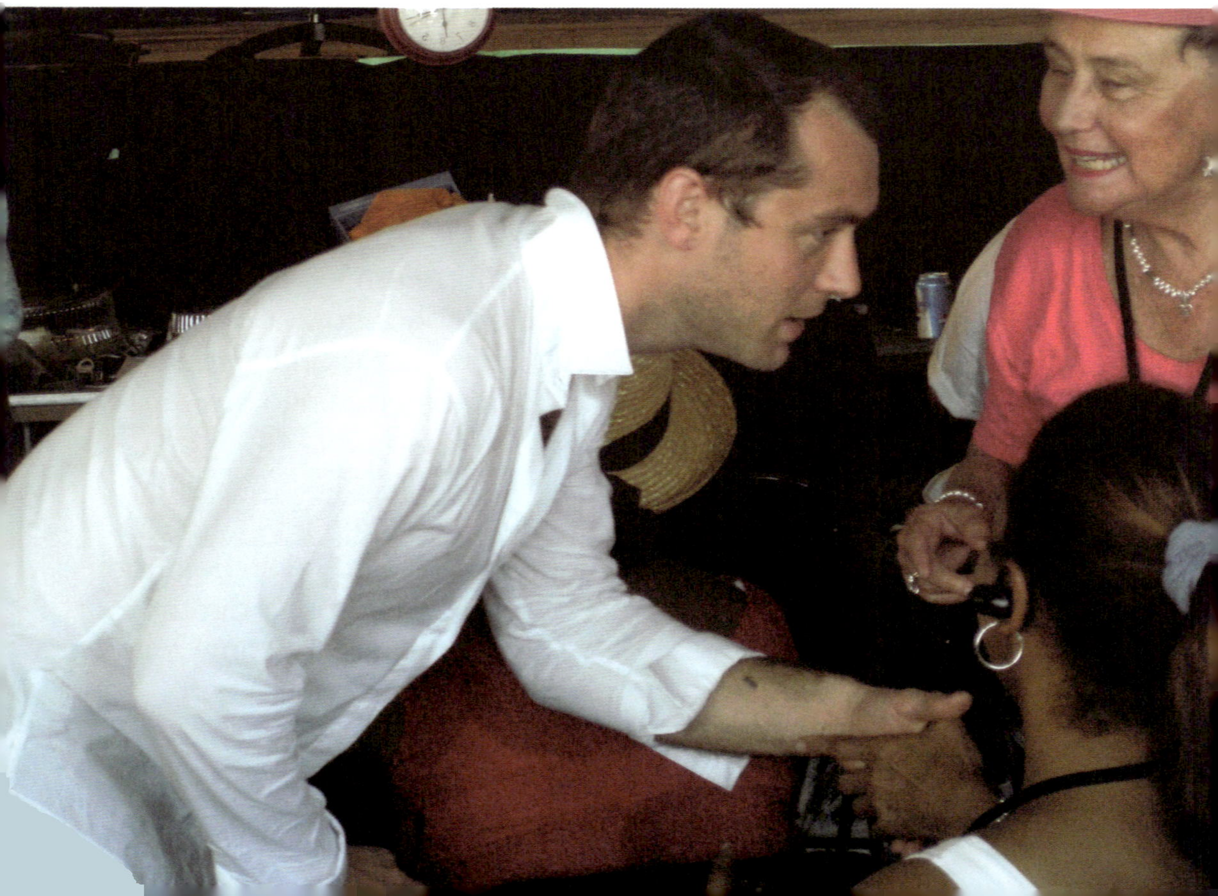

um magnífico Paul Newman, dirigido por Sam Mendes. Acho que pelo fato dele encarar o desafio de ser um antigalã.

Dois anos depois daquela noite no Broadhurst Theatre, caminhei pelo meio do público em uma das tendas do Festival de New Orleans. Trombo com um cara de camisa branca mal abotoada e peço desculpas. Mas aí eu noto quem é: Jude Law.

– **"Hey, Jude!"**, eu digo, sem saber exatamente porque o chamei.

Ele se voltou e não titubeou:

– **"I'm not Jude"**, disse.

Eu pensei: **"malandro, tu tá me tirando?"** Sou um fisionomista bom pra cacete. Então, sentindo-me desafiado, esperei para ver até onde ia o cara. Ele foi se enfiando pelo meio do público da área VIP e sentou-se numa fila intermediária. Não demorou muito, as mulheres o descobriram e o cercaram. Algumas senhoras até mesmo o apalpavam.

Pensei comigo mesmo: "Se eu chegar em casa e contar isso aqui para a patroa, ela vai rir de mim. Vou tirar uma foto" Daí que tirei a foto. Bem na hora que a senhora apalpava. **Esse cara parece que tem mel.**

Roberto Carlos

Em pleno Oriente Médio era como se um armistício de exageros tivesse sido declarado. A plateia de cinco mil pessoas se espalhava pelas imediações da fortaleza murada de Davi. Alguns seguravam cartazes como "Shalom Bahia", "Belém do Pará em Israel", e outros berravam **"Eu te amo, Roberto"**, usando camisas do Flamengo ou do Botafogo e entoando corais imensos para canções muito conhecidas. No Brasil, obviamente.

Estávamos em Israel, em outubro de 2011. Estavam todos muito felizes. A médica Esther Longman, de 90 anos, do Recife, veio a Jerusalém de cadeira de rodas e vendia disposição. Como ela, milhares de outros fãs pegaram os ônibus nos kibutz, cortaram o deserto da Judeia, saíram da Jordânia e vieram. Parecia que ainda não acreditavam que a canção "Jesus Cristo" havia sido o número final de Roberto Carlos, esperavam uma continuidade.

Em Tel Aviv, durante dois dias, o florista Avi Tal, de 47 anos, preparou duas centenas de rosas vermelhas com os cabos raspados, sem espinhos, para enviar a Jerusalém para o famoso ritual. "Não sei para

quem é, mas parece que é famoso, um cantor do Brasil", contou. A família de Avi Tal está há 60 anos no mercado de Carmel (Shuck Ha'Carmel), em Tel-Aviv, uma espécie de Ceasa israelense. A ele foi incumbida a missão de preparar os elementos do ritual final do show de Roberto Carlos em Jerusalém.

"Trabalho aqui desde criança, desde que meu pai morreu. Há 30 anos eu sou o cabeça aqui. Essas rosas são uma encomenda muito importante para mim", explicava o sorridente florista, exibindo sua obra-prima. "Pena que aqui

não tenhamos nenhuma flor do Brasil." Em geral, quando está no Brasil, Roberto Carlos encomenda suas rosas de produtores conhecidos de Holambra ou outros locais. As rosas de Avi seriam as primeiras que ele atiraria de um palco tão longínquo.

O voo 42 da El Al ainda deslizava sobre a pista do Aeroporto Internacional de São Paulo - Guarulhos quando a aeromoça anunciou: **"Viaja conosco Roberto Carlos, o rei da música latina"** Ele ia de boné na primeira classe, junto com os fãs. A última vez que estivera em Jerusalém foi quando filmou cenas de *Roberto Carlos* e o *Diamante Cor de Rosa* (1968), dirigido por Roberto Farias em 1968.

Durante cinco dias, Jerusalém recebeu uma sobrecarga de "panos quentes" do Brasil: toda aquela gente com intimidade imediata com os comerciantes, que beija muito quem não conhece, que vira amigo da vida toda em cinco minutos. Tudo embalado pelas canções que Roberto fez pra você, que tocavam do restaurante do hotel ao antigo mercado de cacarecos da Cidade Velha.

Sem conhecê-lo a fundo, um repórter israelense resolveu indagar o cantor brasileiro sobre seu tema favorito: o amor. Perguntou-lhe como é que ele sabia que a mulher de sua vida tinha sido Maria Rita (que morreu de câncer em dezembro de 1999), se tivera tantas mulheres. "Quando chegar o amor de sua vida, você saberá", respondeu-lhe. Mais ou menos o que Thelonious Monk respondeu quando lhe perguntaram o que era o jazz.

Com esses dribles e frases repletas de generalidades, Roberto Carlos cuida de manter afastada de si a imagem de artista messiânico, embora muitos fãs também o tenham como uma espécie de santo. Ao mesmo passo, algumas mulheres elegantes, bem casadas, bem posicionadas profissionalmente, o colocavam como modelo de homem.

Algumas o seguiram mundo afora por anos.

Dois dias antes do show, Roberto Carlos foi ao Muro das Lamentações. No portão, uma carioca (radicada em Jerusalém) distribuía lenços para as mulheres cobrirem os braços desnudos. O cantor chegou numa Mercedes blindada, cercada de policiais e caminhou até o local cercado de repórteres. As jornalistas mulehres ficaram separadas por uma cerca, por conta da tradição. Ali, rezou e filmou uma cena duas vezes para um especial de TV. Quando ia embora, foi chamado para fora do carro por Shmuel Rabinovich, rabino-mór do Muro e dos lugares sagrados de Jerusalém.

"O Rei Salomão, quando construiu esse lugar há mais de dois mil anos, rezou e pediu a Deus que todas as rezas dos judeus e não judeus acontecessem independentemente de quem fosse a pessoa", afirmou-lhe Rabinovich. "Aqueles que receberam o dom para poder cantar como você canta têm uma força espiritual enorme e com certeza suas vozes chegam aos mundos divinos", completou o rabino. Roberto ficou com os olhos marejados. Ambos se abraçaram, sob os olhares curiosos de judeus ortodoxos, rabinos e turistas. "Amém a nós todos", disse o Brasa. Pouco antes de arrancar com a Mercedes, ele abriu o vidro do carro ao ser chamado por duas fãs, que o beijaram e disseram algo que não deu para escutar.

Antes de ir ao Muro, ele passeou pelas colunas recém-descobertas do Cardo Bizantino (uma das ruas do comércio da velha Jerusalém, mantidas intocadas sob a terra e que mostram a forma como eram no século VI antes de Cristo). Na entrada da Basílica do Santo Sepulcro fica a pedra em que, segundo a tradição cristã, o corpo de Jesus Cristo foi repousado após ser tirado da cruz. O cantor ajoelhou-se ao lado da pedra enquanto

uma mulher a limpava com um lenço. Durante toda a caminhada de sábado, que concluiu às 7h30 da manhã, Roberto Carlos não foi reconhecido. Foi também na basílica, na capela de Santa Helena, sozinho, que ele rezou mais. Segundo a tradição, Santa Helena era a mãe do imperador Constantino, convertida ao cristianismo. Foi ela quem achou a cruz de Cristo, e ao redor dela, na capela do século IV, curou leprosos e outros doentes. O músico caminhava acompanhado por sua corte e ficou encantado com o perfume de rosas que sai de um orifício na capela onde o corpo de Jesus teria ficado.

Estar ali naquele momento parecia um privilégio sociológico. Os dias muito quentes, os garotos com as metralhadoras por toda a cidade e um choque cultural insinuava-se. A visão beata *naïf* de Roberto Carlos misturando tudo, o repertório da fé com o repertório pagão, a carga do *know-how* carnavalesco com o conteúdo sexual, erótico, sentimental. Tudo pacificamente, sem oposição.

Roberto não é profundo em sua religiosidade, não tem um grau de informação que se deduza minimamente teológico, é apenas sincero – e até demonstra temores infantis ou exagerados para um devoto. Não pronuncia mais a palavra Inferno. É o rei da superstição espalhando sua confusão e seu *background* emocional pelo mundo – se um outro cabeludo aparecer na sua rua, a culpa é sua.

Afrika Bambaataa

Refestelado em uma imensa poltrona num lounge do Rock in Rio 2011, encontro Afrika Bambaataa, um dos maiores revolucionários da música moderna. Afrika Bambaataa está na base do hip-hop, do Miami bass, do funk carioca.

Ele pertence a um grupo que podemos chamar de "artistas fundadores", pois ele fundou uma tradição. Mas tudo que ele quer esta noite é mergulhar dentro de um imenso saco de pipocas. Vestido com as armas de Jorge, indumentária africana de gala, não é raro encontrá-lo nas Grandes Galerias de São Paulo procurando por discos de vinil antigos, que coleciona.

Quando Bambaataa empunha seu maior hit, "Planet Rock" (que até o jazz moderno já revisitou, na figura de Jason Moran), tudo parece clarear. O funk da Zulu Nation e o hip-hop ancestral de Bambaataa se atualizam em movimento, porque o velho MC não tem e nunca teve intenção de se deixar embalsamar. Sua música está na origem até da música eletrônica de Kraftwerk e em outros grupos, que se reciclaram a partir de seus *insight*s.

Naquela noite do Rock in Rio nos foi dada a possibilidade

de observar os criadores e suas inúmeras criaturas. Um era Stevie Wonder, um dos grandes responsáveis pelo arredondamento da cultura *black* nos Estados Unidos. A outra figura-chave era Bambaataa, que não fez *forfait* e cantou com Paula Lima e banda, além do divertido rapper Boss AC.

Norte-americano do Bronx, Bambaataa é um sujeito cuja fama pesa menos do que seus óculos mirabolantes. Mas não é um ativista de sofá. Gosta de encabeçar movimentos políticos – chegou a liderar uma campanha para tirar James Brown da cadeia, numa das vezes em que o músico foi preso. "Sim, eu sou um dos fundadores do hip-hop. Mas foi Grandmaster Flash quem apontou o caminho, que viu que a chave de tudo seria ter o conhecimento do que a tecnologia trazia, que o papel do artista seria equilibrar a humanidade e a tecnologia", disse Bambaataa. Grandmaster Flash, nasceu em Barbados e é dois anos mais velho do que Bambaataa. Foi um dos grandes agitadores da música negra nos anos 1970 com grupo Furious Five.

Bambaataa é figura frequente nas baladas paulistanas, onde é venerado pelos produtores e DJs. “As coisas acontecem muito mais rápido hoje em dia. Veio o electro, o eletrofunk, mas é tudo só uma questão de troca de nomes. Tudo vem do funk e qualquer funk é funk. Eu toco o que for necessário para fazer as pessoas esquecerem seus problemas e se conectarem ao Universo”, disse o produtor.

“A responsabilidade de um artista é ajudar as pessoas a chegarem a uma unidade, manter todo mundo unido. E isso é muito mais fácil de fazer com música do que com pronunciamentos.”

No lounge, os garotos tiram fotos com Bambaataa, fazemos tietagem explícita. Eu apenas observo o tamanho da fome dele.

PERRY FARRELL

O cantor e compositor Perry Farrell levou muito longe sua ambição de criar um festival de rock planetário. O primeiro ele começou há 22 anos nos Estados Unidos. Depois, ele o trouxe à América do Sul - ao Chile e ao Brasil. Em 2011, eu o flagrei por acaso conversando com judeus ortodoxos ao lado do Muro das Lamentações, em Jerusalém. Contou que estava ali porque faria show na região – sua banda, Jane's Addiction, tocaria em Tel Aviv. Na verdade, ele estava tentando instalar o primeiro grande festival de rock no coração

do Oriente Médio, conforme anunciaria meses depois. Mas fracassou: por motivos de segurança, foi aconselhado a cancelar o projeto.

Ainda assim, ele é o homem dos grandes eventos. Mistura de roqueiro e empresário, ele batizou seu primeiro evento, que realizou em 1991, com uma expressão que ouviu na TV, durante o seriado *Os Três Patetas*: Lollapalooza. Trata-se de uma palavra de origem etimológica desconhecida que, segundo o dicionário Oxford, emprega-se para se referir de maneira coloquial a "uma pessoa ou coisa que é particularmente impressionante ou atraente" A enciclopédia Merriam-Webster alude a "um exemplo extraordinário"

Embora de origem imprecisa, sabe-se que a palavra foi usada nos Estados Unidos desde 1896. O polemista, intelectual e jornalista norte-americano H. L. Mencken (1880-1956) escreveu que a expressão teria sido usada pela primeira vez nas lutas de boxe, na sua época, para descrever o nocaute – mas não existem provas disso.

Perry Farrell achou o termo excelente para designar o que gostaria que representasse o espírito do festival. Ele tem história no rock: foi um dos precursores do grunge com o Jane's Addiction, que formou em 1985. Em 1993, criou o Porno for Pyros, outro grupo muito singular na história do *rock'n'roll*. Entre um e outro grupo, inventou o festival alternativo, com foco em questões políticas e ambientais, um festival-fórum que hoje está baseado no magnífico Grant Park, no coração de Chicago.

Foi um sucesso. Até o desenho *Os Simpsons* embarcou na onda – um dos episódios, de 1996, mostrou o festival Homerpalooza, em homenagem à festa. Foi em Lollapalooza que se cunharam os termos "rock alternativo" e "nação alternativa" Quando o festival parou de ser realizado, em 1998, a revista *Spin* anotou que seu fim demonstrava a própria enfermidade do rock alternativo da época. O Lollapalooza foi interrompido em 1997, mas foi revivido por Farrell em 2003 como mostra itinerante. Em 2005, fixou-se no Grant Park de Chicago.

Ao chegar ao Chile, Farrell exigiu que se plantassem 20 mil árvores para compensar o efeito da invasão de pessoas no Parque O'Higgins, onde realiza seu festival. "O parque tem um suave declive, com uma perfeita vista da Cordilheira dos Andes, muitas árvores e sombra. Tem um ginásio com uma grande cúpula que abriga até 10 mil pessoas. Está dentro de um parque de diversões com montanha-russa e as pessoas curtem por ali o dia inteiro", disse Farrell.

A primeira edição do Lollapalooza, em 1991, incluía Siouxie and The Banshees, Living Colour, The Rollins Band, The Violent Femmes, Body Count, Ice Cube e The Butthole Surfers. Em 1994, o grupo

Nirvana seria a principal atração. Um dia antes de sua apresentação, em 7 de abril, a banda cancelou sem aviso prévio. No dia seguinte, Kurt Cobain foi encontrado morto. Em 1996, Farrell tentou criar um novo festival, o Enit, mas não deu certo. Em 2003, tentou fazer shows em 30 cidades entre julho e agosto, mas os preços altos afugentaram os fãs. Em 2004, voltou a ser uma mostra de dois dias, mas foi cancelada por causa da venda fraca de ingressos.

Farrell sempre teve o propósito de estimular o debate político e ambiental. "Quero que haja confronto", disse, em 1991. "Eu vi pessoas caminhando pelo parque, felizes, experimentando a sensação de liberdade e relaxamento. Mas só quando tudo acaba, quando eu os vejo fora daqui, indo para casa, é que posso sentir se tive êxito. Nesse momento, o que posso dizer é que a terra está sendo usada em paz", disse o homem-festival.

Amy Winehouse

As pessoas pareciam ir até Amy Winehouse com dois tipos de atitude preventiva. A primeira era a de fazer sua defesa incondicional, irrestrita, acusando seus detratores de caretice, de quererem o aniquilamento de Amy por inveja. A segunda era a atitude de chegar com uma opinião premeditada, com a intenção de destroçar o *hype,* a idolatria e, consequentemente, reduzir tudo a uma condição mais terrena. Havia também os que mantinham uma perene desconfiança: o *coté* pé na jaca de Amy era falsificado ou era de verdade? E se fosse falsificado? Diminuiria a importância dela? Confesso que fui um desses, até que a vi em Madri pela primeira vez.

Suas tatuagens pareciam grafites em muros demolidos, mas as corridinhas pelo palco com as pernas bambas e a doçura com os músicos mostravam um **"monstrinho" comportado**: boa menina, uma personalidade leal por trás do mito. A voz é que continuou um mistério. Quando ela queria, mostrava potência, cantando a 50 centímetros do microfone com competência. Mas aí vinham as falhas, a imprecisão e, não raras vezes,

ela "atravessava" também. Poderíamos defendê-la dizendo que Amy, como Billie Holiday ou Nina Simone, incorporava a sujeira no canto, mas Cat Power também, sem o exagero displicente.

Tudo isso eu escrevi a respeito do primeiro show de Amy no Brasil. Ela morreria menos de um ano depois. Mas ela me espantou mesmo foi no show de Madri, antes da turbulenta turnê pelo Brasil. Lá em Madri, em julho de 2008, após muito tempo, Amy Winehouse terminava um show sem bater em ninguém, sem cair no palco no meio da apresentação e sem bater com a cabeça no microfone. Não era pouca coisa para ela.

Aos 24 anos, enfrentava, então, problemas de toda ordem: anorexia, crises depressivas, três ou quatro encarceramentos, um enfisema pulmonar, internação hospitalar forçada e alguns excessos com álcool e drogas. Uma fila de problemas que não se deu necessariamente nessa ordem. Mesmo sua presença na Espanha não era certa, havia sérias dúvidas. A chegada de Amy só foi confirmada por volta das 16h da sexta-feira, quando colocaram na área de imprensa os dados do seu plano de vôo. "*Llegada a Madrid: 20h. Vuelta a Londres: 23h.*" Ao contrário de Shakira, que andava com um entourage de 50 pessoas pela cidade, Amy nem sequer dormiria em Madri, o avião a esperava já na pista para voltar a Londres.

Consegui a lista de exigências da cantora para camarim: gengibre, lima, limão, mel, frutas, saladas, iogurte de soja e natural, pão de pita, homus e pão de cebola. Quando ela finalmente apareceu, relatei que parecia uma taça de cristal esquecida na beirada de um balcão de pub – que poderia se espatifar a qualquer momento. À sua frente, como na narrativa de Euclides da Cunha, rugiam furiosamente 75 mil pessoas – uma referência ao livro *Os Sertões*, de 1902.

Ela, então, pediu uma taça de vinho. Um valete veio trazê-la do fundo. Ela tomaria tudo e mais outra, durante o show. "Trouxe de casa", escreveu o crítico do diário Mundo. "Sangria! Sangria", gritava o público. No meio do seu famoso coque e do cabelão armado, havia um broche vermelho almofadado que tinha estampado o nome do marido de Amy, Blake (Fielder-Civil), preso àquela altura.

A performance era linda, embora angustiante. De vez em quanto, ela erguia a barra do vestido como se se segurasse nele para não cair, uma estratégia antigravitacional. Sugeria um *strip-tease* que nunca seria consumado. Amy estava muito magra, os seios fartos escapando num aparente contrassenso. Após beber o primeiro gole da segunda taça que lhe serviram (de um líquido mais claro, parecia conhaque), ela lambeu como uma criança o líquido que transbordou nos dedos. Ela bebia e a gente é que ficava bêbado.

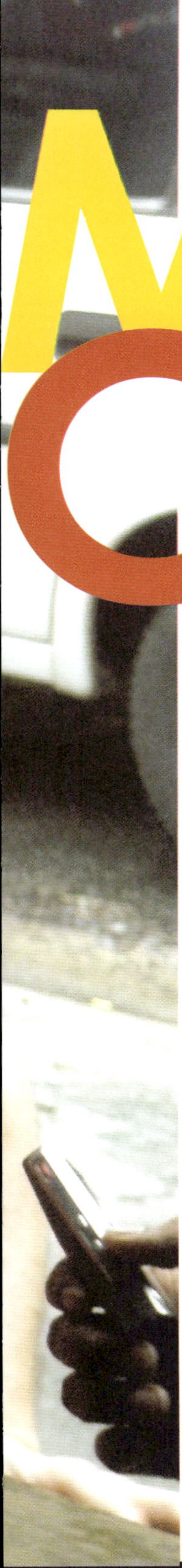

Manu Chao

Manu Chao é Flamengo no Brasil e Atlético de Bilbao na Espanha. É neto de um velho militante antifranquista espanhol, nasceu e cresceu em Paris. Tem um filho no Ceará. Ex-punk, viveu um mês e meio em Santa Tereza, no Rio de Janeiro. É fã ardoroso de capoeira e cachaça. Mas também gosta de tomar tequila na Bastilha e aguardente de uva na Galícia.

Manu Chao é o último homem de esquerda, no sentido estrito da palavra, militando na música do mundo. Foi um dos poucos artistas que foram até os movimentos

Occupy na Espanha para tocar de graça. Tocou no meio dos acampados da Praça da Catalunya. Apresenta-se frequentemente em acampamentos do MST, faz *guerrilla concerts* em locais em que as pessoas não podem pagar o ingresso.

"Minha proposta sempre foi esta: um tipo de pacto entre o público e o artista. Que o público faça o esforço de comprar o CD ou qualquer matéria que o artista comercialize. Mas que o artista também faça o esforço, quando tiver seu investimento recuperado, de ter dado de comer à sua família, de dizer: está bom, então agora é de graça. É uma utopia que estou realizando ao meu nível", explica o músico.

Eu o conheci no ano 2000, em São Paulo. O português de Chao ainda era ruim. O encontro foi em um escritório de gravadora – intermediação que ele aboliu aos poucos. Nas outras oportunidades, fui encontrá-lo num de seus bares preferidos em São Paulo: o Botequim do Hugo. Virou meio que um ritual: se Manu Chao está na cidade e quer dizer algo, seus assessores ligam e me pedem para ir encontrá-lo no Hugo.

Um de seus discos mais recentes (*La Radiolina*, de 2007) tinha canções em francês, português, árabe, inglês, espanhol e portunhol, que ele adora. **"É uma língua inventada por pessoas que vivem em zonas fronteiriças – meus lugares favoritos"**, diz. Não há espaço entre uma e outra música e a sonoplastia primitiva de Chao permeia todo o trabalho, com vozes infantis, locuções radiofônicas, idiomas toscamente falados. O lado musical também é um frankenstein sonoro, começando com o reggae (o ritmo mais caro a Manu), passando pela música räi árabe, o jazz, o ska, o flamenco, a música popular brasileira.

TAXI
MUGURUZA

O primeiro disco de Manu Chao, *Clandestino* (Virgin Records,1998), foi um sucesso fantástico. Vendeu um milhão de cópias só na França e outro milhão de cópias ao redor do mundo. No Brasil, ele incendiou festas e bares e, sempre que vem, reúne milhares de pessoas. Sabe mais sobre política sul-americana do que 90% dos analistas brasileiros de política sul-americana, que detestam a região.

Ele também tem faro para o novo. Foi ele quem foi atrás dos malineses Amadou e Mariam para produzir um disco com a dupla cega do Mali, Dimanche a Bamako, que ajudou a projetar sua música. Sua influência na música, que um dia chamamos de *world music*, é imensa. Gravou com gênios da guitarrada do Pará, como Mestre Vieira, e está fascinado pelo gênero nortista e pelo carimbó. Também gravou com pacientes de La Colifata (clínica de doentes mentais de Buenos Aires que aparece no filme *Tetro*, de 2009, dirigido por Francis Ford Coppola).

Suas músicas são usadas como standards que ele reinventa continuamente, radicalizando a estética "*no tengo calefaccion, can't get no satisfación*" [trecho da canção "Mama Call"], uma mistura que está duas doses acima da world music. "*Caixa de Guerra, guerra da paixón, portuñol connection, lixo atômico, piranha e jacaré, x-tudo e mac podrão*", ele canta, no disco *...próxima estación... Esperanza* (Virgin Records, 2001). E assim segue tecendo seu comentário zappatista sobre o mundo, um comentário elástico, que vai de Chiapas à Bastilha em um pulo, sem crise de consciência e ao mesmo tempo com extrema consciência. É uma política primária que move Manu, com o melhor que esse termo carrega, a inocência e a perspicácia simples e eficaz – como se fosse uma Mafalda de posse de uma máquina de samplear.

Manu é um falso *naïf,* porque sabe o que faz, embora persiga justamente o efeito de fazer algo com o mínimo de arquitetura. "Eu encontrei um lugar em Barcelona, onde descanso as malas nos intervalos de minhas viagens", diz Manu Chao. "Eu tenho um quarto, um estúdio na sala, eu tenho uma praça vizinha e as ruas dos arredores – o mundo não fica muito longe e voltar para ele não é nenhum problema." De vez em quando, o mundo é no Botequim do Hugo, no qual eu e Manu Chao poderemos estar dividindo uma garrafa de cerveja.

ZÉ Ramalho

Piritiba, cidadezinha baiana a 316 km de Salvador, abriga um dos últimos São Joões ingênuos do sertão. As barracas vendem linguiça com macaxeira, espetinho de carne seca e caldo de xibiu (não esse; outro caldo, com mandioquinha, bacon e um cheiro característico). "Capim Guiné" é um dos maiores sucessos de Raul Seixas e cita a cidade. Virou um hino da localidade, as pessoas o cantam nos bares, na igreja, nas praças – especialmente o verso mais maroto: "Tá vendo tudo/ E fica aí parado/ Cum cara de viado/ Que viu caxinguelê"

A praça foi tomada pelo povo e pelas bandeirinhas. A cidade, que tem 24 mil habitantes, dobrou de população para o que chamam de São João Capim-Guiné (15 mil visitantes costumam vir de longe). Os hotéis não deram conta, então grande parte dos que vieram das imediações se hospeda em casas de família locais. Avôs passeavam com os netos pela praça comendo tapioca. No coreto montado no palco só sobiam sanfoneiro, triângulo e zabumba e forró de pé de serra.

Em meados do mês de junho de 2013, a cidade foi palco de uma inusitada ressurreição artística. Zé Ramalho, vítima de um boato de que teria morrido (um rumor que se tornara viral na internet), era aguardado ali como a grande atração da festa de São João. Na verdade, Zé tinha apenas se submetido a um cateterismo e estava bem. Mas mesmo ele negando que que tinha morrido, tinha gente que não acreditava. E isso é sério: Zé Ramalho, convenhamos, é nosso equivalente de Bob Dylan, nosso Leonard Cohen, nosso Neil Young da caatinga (passado pelo coador do Cego Aderaldo). O DNA de sua música é feio de revoltas, rebeldias súbitas, tomadas de atitude sanguíneas.

José Ramalho Neto, de 64 anos, é um combinado da herança estética de muitas coisas: seitas apocalípticas, cantores de feira, Bob Dylan, forró de pé de serra, alquimistas, Beatles, extraterrestres de Quixadá, Gonzagão. Seus versos sempre se encaixaram com naturalidade em qualquer atmosfera ebulitiva de protestos e manifestações. "Discutir o cangaço com liberdade/ É saber da viola, da violência", canta ele, em "Banquete dos Signos" Mas a trajetória de Zé Ramalho também foi íngreme, apesar do sucesso popular. Há alguns anos, ele embarcou numa viagem de drogas e excessos que quase não lhe forneceu passagem de volta. Assim, o seu retorno à estrada deve ser festejado sempre.

Mas, naquela noite, em Piritiba, Zé Ramalho descobriria que a vida geralmente é muito mais dura com os vivos do que com os mortos. O cantador deu entrada no Hotel Piritiba às 11h. Não saiu do quarto até as 23h. Esperava por ele, avidamente, todo o contingente jornalístico da região: os radialistas das "Aymoré FM", "Ipirá" e "Jacobina FM", além de um intrépido repórter do jornal "Correio do Sertão" Todos reclamaram que, apesar do dia inteiro de campana, Zé não deu as caras. Acusavam-no de antipático e metido. Recusou receber até o prefeito, que queria conferir se sua maior contratação (pagou cerca de R$ 150 mil pelo show) estava mesmo viva e quicando na área.

Pouco antes da meia-noite, alastrou-se um princípio de suspense hitchcockiano. A prefeitura soube de uma ameaça da equipe de Zé de cancelar a apresentação. Seria uma tragédia, analisou o prefeito. De súbito, um destacamento da Polícia Militar com 16 policiais

cercou o ônibus da produção de Zé Ramalho. No ônibus sob escolta, estavam os equipamentos. Seguiu-se uma negociação. Os palcos foram esvaziados e os circunstantes foram advertidos de que, se um único cidadão se interpusesse entre a van que traria o cantor e o palco, Zé não cantaria.

A praça, prenhe de forró, silenciou. As bandas que se apresentariam antes de Zé Ramalho, num palco secundário ao lado do principal, "Candeeiro Aceso" e "Forró no Grau", foram proibidas de tocar. Ninguém explicava o motivo daquilo.

Quando finalmente apareceu, Zé Ramalho entrou se esgueirando, como um cabra que corria de uma volante no meio da caatinga. Entrou tateando, segurando nas paredes de compensado para se equilibrar. Parecia um cateto emboscado por dobermans. Mas, apesar de avexado, Zé parecia bem, e pareceu melhor ainda quando atacou a primeira música no violão verde, "O Vento vai Responder", sua versão de "Blowin' in the Wind", de Dylan. "Quantos ouvidos terá o poder/ Para ouvir o povo chorar?"

Após uma hora e quinze minutos profissionais, o show terminou. O público berrando "mais um, mais um" e o artista se pirulitando aperreado pelos fundos. Zé Ramalho tinha cantado sob coação. Parece que, vivo ou morto, Zé teria de se apresentar naquela noite. "Nunca mais quero vê-lo", me disse o prefeito na rodoviária. Não há como silenciar Zé Ramalho. Suas canções são profecias eternas, já inundaram o sertão de tempestades elétricas.

Allen Toussaint

Allen Toussaint, um dos mais paparicados pianistas do Sul dos Estados Unidos, aos 75 anos, parece o pastor da comunidade. Todos o param, conversam com ele, pedem conselhos, contam-lhe da vida e da carreira. O mais corriqueiro é vê-lo caminhando com seus belos chapéus pelo festival de New Orleans, na Louisiana. **É um tipo de sábio da aldeia.**

Toussaint conseguiu a proeza de ser herói em dois mundos. Ele foi entronizado no Hall da Fama do Rock and Roll e, em 2010, recebeu um Grammy especial por uma vida dedicada aos gêneros musicais do Sul americano, principlamente o blues e o jazz. Toussaint cresceu entre músicos de R&B, acostumou-se a brincar com o funk e o rock, mas sua excelência serve principalmente ao jazz. Sabe dialogar com a novíssima tradição que vem lá de Herbie Hancock, mas, de vez em quando, também dá uma palhinha como cantor.

Produtor, compositor, arranjador e músico de estúdio vastamente requisitado, Allen Toussaint colaborou em discos de artistas como Cindy Lauper, Eric Clapton, Gotan Project, Ernie K. Doe, Lee Dorsey, Dr. John, The Meters, The Pointer Sisters e Labelle, além de ter a carreira como solista muito

bem reputada. Ajudou o ator Hugh Laurie, de House, em sua aventura musical. Teve uma indicação ao Grammy pelo disco *The River In Reverse*, feito em colaboração com o ex-punk Elvis Costello. Este trabalho que marcou sua participação ativa nos esforços para reconstruir a cidade de New Orleans, onde nasceu, após a devastação do furacão Katrina, em 2005.

Poucas figuras na região (talvez apenas Ellis Marsalis, Zigaboo e Allen Toussaint concorram com ele) representam tanto o espírito de *n'awlins*, ou New Orleans, como Allen Toussaint. **"Ele é uma espécie de lenda local, ele me ajudou a crescer e tem responsabilidade no que sou. Além de ser uma tremenda pessoa"**, contou Trombone Shorty, trombonista e o mais destacado músico da nova geração, sobre Toussaint.

New Orleans está sempre na moda. Tornou-se, nos anos 2000, algo parecido ao que São Francisco foi nos anos 1960: um eldorado cultural, uma zona franca de ebulição artística, utopia urbana de paz, amor e música. Refeita completamente da destruição do furacão Katrina, que a devastou, a cidade recebe hoje cerca de oito milhões de turistas todo ano, que deixam US$ 4,2 bilhões em seus caixas (600 milhões de espectadores desembarcam apenas para o seu mítico festival de jazz, realizado há 40 anos).

Cenário privilegiado de filmes e musicais, a terra de *Um Bonde Chamado Desejo* (de Tennessee Williams, de 1947) é uma Meca musical de generosa diversidade. Toussaint é seu filósofo de esquina. Como pianista, ele leva uma vantagem muito grande sobre os colegas que fazem jazz demasiado cerebral – ele privilegia o prazer, o delírio, a festa. Mas tudo com um senso de elegância que o torna uma espécie de Lorde do Mississippi, segundo atestam seus inúmeros fãs, como o crítico do New York Times, Ben Ratliff.

"Meus discos não são o tipo de música de linha de montagem, na qual alguém põe aqui as rodas, outro põe a carroceria ali", ele conta. Gosta de transmitir a sensação de estar sempre em movimento. Nas duas vezes que encontrei Toussaint, eu o parei para conversar. Ele sempre sorri, ajeita o chapéu e se deixa fotografar. **Eu sempre me senti como se tivesse encontrado o feiticeiro da aldeia.**

Cold

Poucas figuras no mundo pop são tão amadas e odiadas hoje em dia quanto Chris Martin, o líder do grupo britânico Coldplay. Além de fazer sucesso atrás de sucesso sem aparentemente suar a camisa, ele ainda tem legiões de *groupies* na cola – é bem apanhado. Em geral, eu gosto deles justamente pelos motivos opostos àqueles que os levam a ser tão detestados.

A primeira vez que pude encontrar Chris Martin foi no hotel Fasano, no Rio de Janeiro, em outubro de 2011. Havia barracas de meninos e meninas acampados na frente do hotel, em Ipanema. Outros jornalistas esperavam no lobby do hotel, subiam em grupos para o seu quarto. Ficamos, eu e mais três jornalistas de outros países sul-americanos, em pé na porta do quarto dele enquanto lá dentro se desenrolava alguma coisa que nunca acabava. Pensei ter visto uma loira parecida com a Gwyneth Paltrow – a atriz é casada com Martin – flanando por ali, mas pode ter sido apenas delírio.

Finalmente, pudemos entrar. O momento com Martin lembrou-me do encontro com Yoko Ono em um hotel, em Brasília. Ele olha com desconfiança para qualquer jornalista. Já foi muito atacado, então está sempre na defensiva.

Ele topou receber a imprensa para falar de um novo disco do Coldplay, sobre o qual eu escrevi: "Você pode tirar a banda de uma fórmula, mas não pode tirar a fórmula de dentro

play

da banda. Essa é a lição que a gente parece aprender com *Mylo Xyloto* (pronuncia-se Mailo Zailoto), o novo álbum do Coldplay" Segundo Chris Martin, o nome do disco era inventado, não quer dizer nada. "Parece grego, mas é apenas uma palavra que inventamos. Para usar algo que nenhum músico tenha usado antes." Hummmm.

Eu estava ofegante, correra muito para chegar ali porque não tinha certeza do horário da entrevista. Estava hospedado a 12 quadras dali e fui a pé. Martin não é o melhor frasista do mundo em uma entrevista. Ele falava de um sentimento de "tentar achar coisas positivas em ambientes negativos" como motivação fundamental. Mas, quando um cara consegue, numa coleção de 14 canções, garimpar três canções ótimas é preciso admitir que você tem, pelo menos, que respeitá-lo um pouco.

Ele estava acompanhado de Jonny Buckland, guitarrista da banda. "Gosto de tudo isso: Billy Bragg. Woody Guthrie.

Gosto de tudo o que é bom", disse. Falou de sua admiração por Leonard Cohen, de quem usa alguns acordes no álbum e sobre o manifesto antiguerra que fez em "Us Against the World", cuja letra diz: "Não quero ver a queda de outra geração" Ele explicou: "Não estou me referindo às revoltas dos jovens nas ruas. Falo da guerra. Da possibilidade de perdermos as vidas muito jovens no meio dessa estupidez. Meu pai foi um soldado, eu sei o que é isso", afirmou.

O líder do Coldplay ironizou: disse que o disco que lançava tinha algo de conceitual, mas não havia nele dragões e magos. "Quando vemos Shakira ou Ricky Martin cantando em mais de uma língua, ficamos espantado. É que as pessoas riem dos ingleses quando falamos outra língua. Aconteceu de termos a sorte de cantar em uma língua que todo mundo já compreende; o inglês fica mais fácil. Mas não me imagino gravando em húngaro ou sueco. Soa tão terrível", brincou.

Ele também comentou a morte de Amy Winehouse. "Ninguém gosta de perder um grande artista, não importa como. Artistas sempre tornam o mundo melhor." E garantiu que, apesar de ser frequentemente comparado a grupos maiores que o dele, não sofre da angústia da influência.

"A vantagem de ter vindo depois de Beatles e Rolling Stones é que você sempre pode ouvir boa música para se inspirar."

Ao final, naquela noite, o Coldplay, como sempre deu ao público o que ele queria: um caldão pop de alta qualidade, sucessos e carisma. A banda fez uma série de atitudes simpáticas e populistas, como a batida e a bandeira do Brasil exibida pelos integrantes da banda. Porém, Martin trocou poucas palavras em português com o público "da frente e do fundão" e pichou no chão do palco a palavra "Rio" com um coração.

Joss Stone

Como diria Humphrey Bogart, foi fácil ver de cara que, assim como Amy Winehouse estava duas doses acima do resto da humanidade, Joss Stone estava duas doses abaixo. O que sobrava de *bas-fond* em Amy não chega nem a molhar a barra da saia de Joss. O problema fundamental é que Joss Stone nunca parece sentir nada daquilo que canta, as palavras lhe são alheias, como se fuçasse cicatrizes de feridas que nunca teve. Falta-lhe o batismo da sarjeta – voltando às citações, neste caso, de Oscar Wilde.

Ainda assim, me intrigou quando surgiu essa figura loira britânica no mundo da música negra internacional. No início da última década, ela tinha apenas 16 anos quando ganhou as paradas com seus cachinhos dourados e olhos de bebê. Tocou adoidado nas rádios de todo o mundo e do Brasil com "Super Duper Love", tema dos surfistas da novela global *Da Cor do Pecado* (2004).

Foi indicada para cinco prêmios Grammy e ganhou um, além de dois Brit Awards. Com fortuna estimada em nove milhões de libras (R$ 22 milhões), tornou-se dona do

próprio nariz e criou um selo, o Stone'd Records. Alargou o universo musical, incorporando um quebra-cabeças pós-moderno que reúne soul, R&B, glam, hip-hop, folk, jazz, funk, afro-beat, disco music e até psychobilly.

Os exagerados chegaram a compará-la a Aretha Franklin, mas ela – embora confesse a admiração pela cantora – dizia que tinha mais inspiração de Lauryn Hill e de outras funk soul sisters mais modernas. O tempo foi cuidando de colocar as coisas em seus devidos lugares, e Joss Stone virou aquilo que realmente é: uma bela cantora de forte inspiração retrô e alma hippie.

Daí veio os babados típicos do *star system*, embebidos de veneno e traição. Dallas Austin, um famoso produtor americano, enfiou o pé na jaca e disse que Joss Stone e Christina Aguilera tiveram que dormir com produtores famosos para conseguirem subir na carreira. Aguilera ameaçou processar Austin, que soltou nota pedindo desculpas publicamente. Joss Stone preferiu nem comentar o caso.

Depois deste episódio, dois homens foram presos nas imediações de sua casa, na Inglaterra, com planos de sequestrar e matar Joss. Ela passou a proibir a menção sobre este assunto em entrevistas. Mas perguntei a ela mesmo assim e ela foi evasiva. "Eu me sinto bem. Para ser honesta, não acho que tenha de fazer coisas diferentes das que eu já fazia, não creio que tenha de fazer coisas demais. **A regra número um para mim é: vai ser divertido? Muita gente achava que eu era intensa demais, mas eu não sou desse jeito. Sou feliz, brincalhona.** Quero que as pessoas sintam as coisas com profundidade, mas no fim do dia eu quero rir, quero andar despreocupada por aí", contou.

Vieram as novas aventuras. Ela tornou-se vocalista do supergrupo Superheavy, ao lado de Mick Jagger e de Damian Marley (um dos filhos Bob Marley). Ela chamou o guitarrista Dave Stewart, do Eurythmics, para ser seu produtor. "Hoje, tenho mais liberdade num estúdio e Dave potencializou essa alegria. Ele se tornou parte de cada música. Falava pouco no início, ouvia tudo, ouvia a orquestração, e depois vinha e dizia: 'OK, vamos gravar, vamos sentir a vibração'. Ele entrou com a própria energia e, basicamente, tocou guitarra o tempo todo", contou Joss.

Joss Stone sempre me pareceu meio prisioneira. É uma dessas meninas que a indústria escolhe para ser diva , que iniciou a carreira imitando uma Jessica Rabitt de vestido com aberturas laterais imensas e sorriso infantil. Ela é bem bonita, mais do que todo mundo por aqui pensava, e também é alta e esguia, magra e sensual. Dança sinuosamente, simula gestos convidativos, faz acenos de *cartoon*, de Betty Boop. No moedor de carne da música pop, toda sua luta parece ser a de tornar-se apenas ela mesma, correndo descalça pelos gramados sintéticos do mundo.

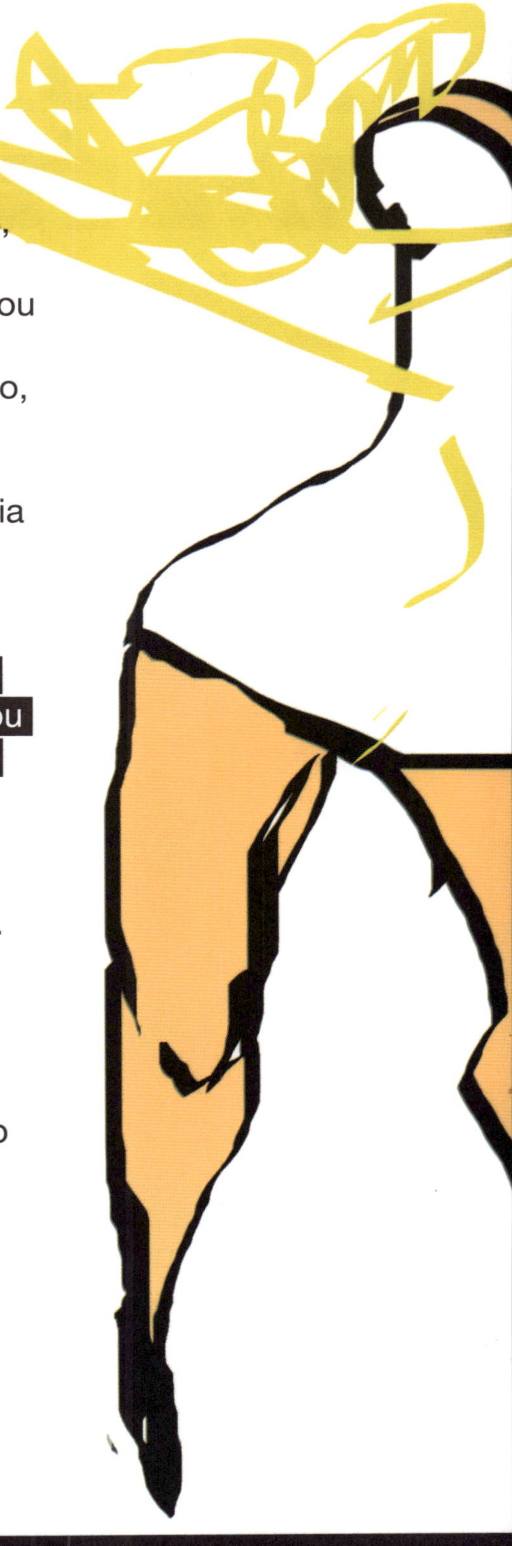

Jack White

Manaus, 2005

Jack White sonhou um dia que era Fitzcarraldo, o personagem febril de Werner Herzog, e quis instaurar o *rock'n'roll* no meio da floresta amazônica. Veio parar no Brasil no auge de sua carreira, numa turnê pré-colonial, que teve início em 2005, num bar La Reserva, em Missiones, na cidade de Puerto Iguazu, Argentina, perto da Tríplice Fronteira (Brasil, Argentina e Paraguai).

Depois, aterrisou direto em Manaus. Seu *entourage* estava repleto de mulheres bonitas e misteriosas, e saídas furtivas. Na época, o The White Stripes (grupo formado por ele e Meg White) lançava o quinto disco: *Get behind me Satan* (Sum Records, 2005). Aos resenhistas do mundo todo foram enviadas cópias do disco no formato do obsoleto vinil duplo. Repleto de referências bíblicas, o disco exigia decifradores de códigos. Jack é uma figura misteriosa, umbilicalmente ligada ao country music americano. Ele também é influenciado pelo rock inglês branco dos anos 1960, que, por sua vez, flertou com o blues tradicional de Robert Johnson e Muddy Waters.

Foi mais ou menos como encontrar pessoalmente o Feioso e a Vandinha, da Família Adams – porém, adultos. Jack e Meg White pareciam personagens de uma HQ, com suas olheiras cuidadosamente cultivadas, as cabeleiras cor de asa da graúna combinando com as roupas extravagantes.

LTURA
ria de Estado
RNO DO ESTADO DO
ZONAS
FESTIVAL
MANAUS
31 5 2005

Meg White seguia o roteiro à risca, mas de noite se acabava de caipirinha no bar do hotel e deixava escapar alguns segredos.

Jack White foi um dos primeiros, nos anos 2000, a mostrar que o *rock'n'roll* ainda pode ser imprevisível, louco, empolgante – e deliciosamente irresponsável. Tornou-se o único guitar hero de sua geração capaz de tocar tanto com Keith Richards quanto com Pete Townshend. Eric Clapton o saudou, então, foi como lhe se abrissem as portas do Paraíso.

Jack queria porque queria fazer um show no centenário Teatro Amazonas, em Manaus. E o fez. Na noite mais estranha da história recente do rock, após cantar 19 canções, pouco antes da apoteose de seu maior hit ("Seven Nation Army") no bis, ele resolveu repentinamente enveredar pelo meio da platéia, saindo do palco do Teatro Amazonas empunhando um violão. Jack caminhou até a praça na frente do teatro, o Largo de São Sebastião, onde cinco mil sem-ingresso assistiam ao concerto num telão.

Os seguranças ficaram como baratas tontas tentando descobrir o que o cantor pretendia. Metade da plateia de 700 pessoas do teatro o seguiu, como se seguissem o flautista de Hamelin. Jack instalou-se num púlpito cercado pela multidão e pretendeu tocar "Seven Nation Army" ao violão, mas não conseguiu. O público, enlouquecido, berrava "Jé-Qui, Jé-Qui", e não atendia aos pedidos do músico para fazer silêncio

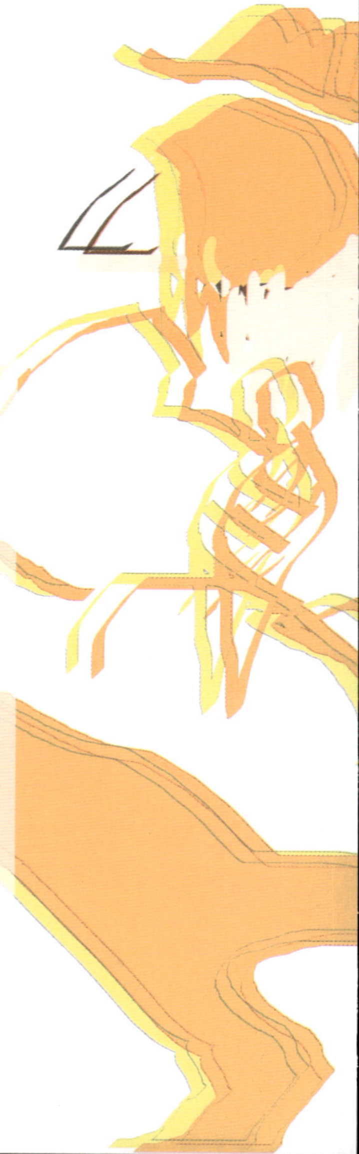

para seu momento joão-gilbertiano. O problema foi que, ao tentar regressar para dentro do teatro, a multidão também queria segui-lo. Foi o caos.

Na manhã anterior, Jack tinha rumado secretamente em uma canoa para o encontro das águas dos rios Negro e Solimões, acompanhado da namorada, a modelo inglesa Karen Elson. Ali, sob as bênçãos de um pajé, fizeram a cerimônia de um casamento que hoje já conta com dois rebentos. O encontro das águas mostra a água escura do Rio Negro juntando-se à água límpida e clara do Rio Solimões.

Como se tivesse de fazer nexo, o cenário do show no Teatro Amazonas era uma imensa floresta idealizada, com palmeiras e juncos e um rio tropical emoldurados por uma grande maçã ao fundo (que também se posicionava como o coração simbólico de Cristo, cravado de espinhos). Havia imagens de santos barrocos sobre as caixas acústicas e a ilustração de uma mão estendendo a alguém uma maçã branca na caixa da bateria. Todas as referências remetiam à perda da inocência e a passagens do Paraíso Perdido, o célebre poema de John Milton (1608-1674).

Jack White foi arredio, porém sincero no Amazonas. Vestido como um Borghettinho de Nashville: calça de fazendeiro mexicano e chapéu de figurante de filme do Zorro, **ele e sua parceira Meg são dois dos artistas mais interessantes da atualidade no rock.** Ela é péssima baterista, contraponto primitivo para o virtuosismo de Jack. Conduzem o espectador a um caos orquestrado capaz de seduzir e disseminar um afeto pelo simples, pelo básico. Sua música, ele disse, ambiciona nutrir-se de "uma exploração de personagens e do ideal da Verdade" A Verdade é uma jiboia de muitas cores.

Eumir Deodato

Deodato significa, em italiano, "dado por Deus" Mas foi provavelmente uma combinação de deuses pagãos que conduziu Eumir Deodato a Pernambuco em setembro de 2008, onde tocaria pela primeira vez, depois de passar por Riga, na Latvia. "Um paisinho entre Estônia e Lituânia, onde estão as mulheres mais bonitas do mundo. Eu confirmei isso. Achei umas feias, mas comprei passagem de avião para elas", disse ele. Passou também por Baku, no Azerbaijão, onde descobriria o túmulo do famoso Zaratustra – ou Zoroastro.

Depois de muito tempo apenas como um mago dos estúdios, aos 65 anos voltaria com tudo à carreira de instrumentista. Liderou uma banda nos teclados, na igreja da Sé de Olinda, com um show *superfunky, ultra-swingado*, cheio de *groove.* É um gigante do ritmo, carrega um sabor de blaxpoitation nos arranjos.

"Resolvi, de uns 5, 6 anos para cá, aceitar convites para tocar. Geralmente, o maior trabalho que eu tinha era ir ao banco depositar os meus cheques", disse ele, sentado à beira da piscina

de sua pousada, de chinelos e uma mulher loira a tiracolo. Segundo Eumir, o sucesso de seus arranjos para músicas como “Celebration” e “Too Hot”, do Kool and the Gang, ainda rendia um bocado de direitos autorais.

Apesar disso, o germe do performer vencera e ele estava de novo no palco. Olinda era a cidade que o acolhia nesse retorno. Deodato é um desses expatriados que foram tão longe do Brasil que têm dificuldade para voltar. Em 1967, sua versão de “Assim Falou Zaratustra”, de Richard Strauss, virou tema do filme *2001 – Uma Odisséia no Espaço*, de Stanley Kubrick, lançado em 1968. Ganhou um Grammy pelo tema.

Desde então, fez arranjos para mais de 500 discos e trabalhou com artistas como Kool and the Gang, Björk, Tricky, entre outros. Um dos maiores sucessos do hip-hop americano àquela altura também tinha a mão de Eumir. Trata-se de “Paris, Tokyo”,

usada como base pelo rap star Lupe Fiasco. A música dele foi usada na trilha de um dos mais jogados videogames da atualidade: o jogo *Grand Theft Auto: Vice City* (as canções "Latin Flute" e "Super Strut").

Toda essa respeitabilidade deixou Eumir Deodao com a língua solta. Para ele, Stan Getz era um oportunista medíocre. Tom Jobim jamais poderia ser chamado de "maestro soberano" – no máximo, de "compositor soberano", pois tinha preguiça de fazer arranjos. João Gilberto é gênio, mas teria copiado sua batida e o jeito de cantar do disco de Barney Kessel e Julie London Julie, Is Her Name, de 1955. E a bossa nova foi terreno fértil para aproveitadores de toda ordem.

Eumir Deodato me pareceu um daqueles músicos que viram muitas coisas, testemunharam, e foram agentes de transformações, mas que, repentinamente, se veem na iminência de ter de começar tudo de novo. Parecia sentir-se como um ex-CEO de uma empresa que tem de recomeçar do zero, como um vendedor ou *office-boy*. A diferença é que ele é um gênio, acho que, daquele dia na beira da piscina até hoje, provavelmente já se acostumou a ser um gênio modesto de novo.

Fatboy Slim

No lugar da percussão, *big beats*. No lugar da guitarrinha, drum'n'bass. No lugar do frevo, ferveção. Em 2006, o grande império dos DJs ainda dava as cartas no mundo da música. Tocavam para 30, 40 mil pessoas pelo mundo, davam entrevistas na *CNN*, opinavam sobre política e economia. Era uma doideira. Foi assim que foi anunciado, pela primeira vez, no Carnaval de Salvador, a figura de um dos mais proeminentes DJs daquele período: Fatboy Slim.

Fatboy, codinome do britânico Norman Cook, natural de Brighton, era talvez o DJ de maior prestígio no mundo naquele momento. Já tinha quase 40 anos, estava ganhando muito dinheiro. Eu tinha ido a Salvador por outro motivo, a aparição da banda irlandesa U2 no Carnaval da cidade. Fatboy entrou na pauta por inevitabilidade. Fui convocado para uma entrevista dele no Hotel Pestana, no Rio Vermelho. Cheguei antes ao local, não tinha agenda, Carnaval é isso aí.

Dei de cara com Fatboy parado de frente para uma janela, olhando o mar em silêncio, boquiaberto. Aquele sol, aquele dia, aquele brilho: entendi Fatboy completamente e, enquanto os fotógrafos profissionais esperavam que ele saísse do transe e posasse para as fotos, eu o fotografei olhando para o mar verde de Salvador.

"Estou completamente inserido na indústria", diria depois Fatboy. "E estou feliz com isso, porque passei 16 anos da minha vida procurando por isso", afirma. Ele tinha sido baixista da extinta banda Housemartins, que não logrou sucesso pelos meios convencionais. Depois dos Housemartins, lançara-se na carreira de produtor de discos de dance music, apresentando singles sob nomes como Freakpower, Pizzaman e Fried Funk Food. Como Fatboy, lançou seu primeiro disco em 1997, *Better living through chemistry*.

Ainda assim, ter procurado o sucesso não significava que tivesse aberto mão da liberdade artística, salientou o DJ. “Mantenho o senso de independência”, acrescenta. “Trabalho com um selo independente (Southern Fried Records) e ninguém me diz ‘faça isso’ ou ‘faça aquilo’; eu posso dizer ‘não’”, diverte-se.

Quando surgiu, a música eletrônica de Fatboy foi enquadrada sob o rótulo de big beat, sustentada pela batida típica do funk da *old school*, mais alguns riffs de guitarra típicos da surf music dos anos 1960. Em 1998, já tinha se tornado uma mania com apenas uma faixa nas paradas, “The Rockefeller Skank” Era nessa música que estava o refrão mais batido das pistas de dança, “*right about now, the funk soul brother*”

Na noite seguinte, num calor infernal, Fatboy Slim pilotou uma rave no circuito Barra-Ondina. O asfalto virou pista e as cerca de um milhão de pessoas ali, segundo estimativas da

época, se espremeram como puderam nas apertadas ruas da Avenida Oceânica para acompanhar o cortejo do DJ, a maioria familiarizada com seu repertório.

A festa só terminou às 4h30 da madruga. Quando o DJ Patife anunciou o nome de Fatboy Slim começou a cair uma chuva fina sobre os foliões, que vibraram como se fosse o anúncio de um novo papa na Praça de San Marco. Uma neblina cobriu a vista do Farol da Barra. "Fatboy acaba de me dizer que trouxe o tempo de Londres para Salvador", brincou Patife.

Fatboy lançava, na ocasião, o disco *Halfway between the Gutter and the Stars* (Meio Caminho entre a Sarjeta e as Estrelas). **"Esse título é algo que fala muito de minha própria condição, como alguém que subitamente viu-se elevado a uma condição de astro e que, às vezes, sente-se oprimido pelo sucesso, perdido no saguão de um hotel caro"**, contou. **"De fato, acho que não pertenço a este mundo."** Ali embaixo, as águas do Oceano Atlântico, o cheiro do acarajé da barraquinha do Rio Vermelho, a festa de Iemanjá se aproximando. Fatboy tinha enxergado algo naquele marzão.

MGMT

Entrevistei Andrew Van Wyngarden, o loirinho cantor do grupo neopsicodélico nova-iorquino MGMT, num bar chamado Earwax, em Chicago, num bairro que parecia uma mistura de Soho com Vila Madalena. Era agosto de 2008. Ele usava um boné do Chicago Cubs (time de beisebol americano que não ganha um título há mais de 100 anos), e pediu batatas fritas e milk shake de morango, que devorou enquanto falava comigo.

Havia algo de deliciosamente *fake* naquela banda (na verdade, seu núcleo é um duo, com Andrew e o tecladista Ben Goldwasser). Uma doce futilidade. Vivíamos, naquele momento, um retorno esfuziante à era dos falsetes e das plumas no palco, um glamour de ocasião que recuperava velhos lascivos como Boy George. A influência deste, aliás, era visível na voz e na interpretação andróginas de Antony and the Johnsons ou nos falsetes e plumas de Scissor Sisters, CSS e também daqueles meninos do MGMT.

Em 2008, a banda era mais promessa do que fato. Só tinha lançado um disco havia seis meses antes e já era guindada ao posto de "a melhor nova banda de 2008" por algumas publicações especializadas. Tinham pouco mais de 20 anos, os dois. Misturando sua abordagem de musical *hippie* com melodias

climáticas à Syd Barrett, mais um monte de teclados mal dedilhados, o grupo deu de presente para aquele verão três hits inescapáveis: "Electric Feel", "Kids" e "Time to Pretend" Nessa última música, eles ironizam o mundo glamouroso do rock. **"Vamos fazer alguma música, ganhar algum dinheiro, descolar umas modelos para se tornarem nossas viúvas"**

Mas ali estava eu tomando milk shake com um grupo a quem tinham acabado de dar a chave do *star system*. O que mudaria em suas vidas a partir dali? "Quando escrevemos essa música, eu e Ben estávamos na universidade, éramos muito irônicos. Nunca imaginávamos que estaríamos aqui hoje, tocando para tanta gente. Tem muita gente boa, vamos a muitas festas, não é todo mundo desse jeito no *star system*. Mas não queremos nos tornar clichês desse estilo de vida, não queremos morrer jovens", confidenciou o garoto.

Goldwasser demonstraria, anos depois, que tinha uma boa noção do lugar para onde a dupla estava indo. "Não vou dizer que hoje está tudo uma droga, e que bons eram os anos 1960 e 1970. No passado as coisas também eram uma droga. O importante é que, assim como antes, hoje há um monte de bandas boas esperando para serem descobertas."

No palco, Andrew era pura pose. Parece que tinha escapado de um brechó ou saiu de lote de extras do filme *Midnight Cowboy* (conhecido no Brasil como *Perdidos na Noite*, de 1969, dirigido por John Schlesinger): usava calças de boca-de-sino, batas, bandanas de Jimi Hendrix, óculos ao estilo Peggy Guggenheim. Era como um retorno à Era de Aquarius. A abordagem pós-moderna da música e fato prevê um tanto de colagem e ironia, mas quando é que isso se torna diluição?

"Quando comecei a fazer música, a ironia era muito forte e a música se tornava quase uma piada. As pessoas esperavam sempre que o músico fosse também engraçado. Tentamos mudar um pouco isso, tornar a música mais séria. Certos assuntos são mais apaixonados, não pedem sarcasmo. Mas procuramos manter a leveza, o jeito de tocar no assunto sem tanta violência", disse o garoto.

Ali em Chicago, naquela noite, o MGMT faria seu show bastante prejudicado por um som ruim, equalização precária. Pareceram-me bem fraquinhos, uma brincadeira de colegial que descobriu o psicodelismo no Youtube e passou a acreditar que andar de bata fingindo tocar flauta na beira do palco era tudo que se esperava de uma banda.

Cinco anos depois, vim reencontrar os garotos já experimentados pela estrada no Jockey Club, no Lollapalooza. Relâmpagos cruzavam o céu durante a execução de "Electric Feel", e o público aplaudia os relâmpagos e as trovoadas. "Feliz Páscoa!", brincou Andrew. Sua música parecia mais encorpada, cada vez menos comercial. Estavam se distanciando da bajulação, mas já tinham um capital de prazer para apresentar. Quando tocaram somente as velhas, como o megasucesso "Kids" ("Um bebê nasceu, chorando por atenção"), foi uma doideira, um festival de capas de chuvas voando para todo lado.

Suicidal Tendencies

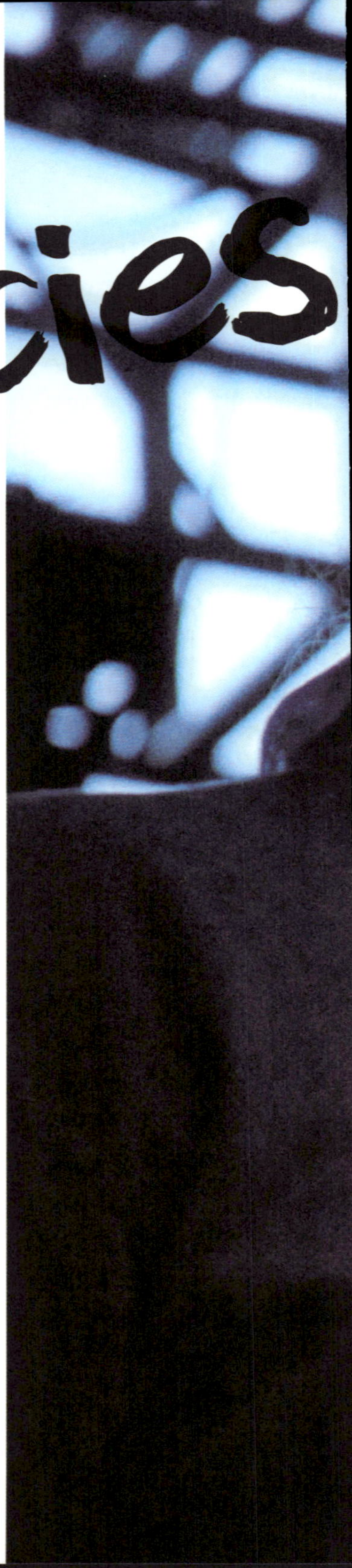

Foi a maior rebelião que presenciei na Virada Cultural. Aconteceu em 2012, logo nas primeiras horas da manhã do dia 6 de maio, um domingo, na Avenida São João. A responsável foi a máquina de barulho do grupo norte-americano Suicidal Tendencies. Ao entrar no palco, às 9h30, aos primeiros acordes de "You Can't Bring me Down", o Suicidal Tendencies deflagrou uma espécie de senha. O público, ensandecido, derrubou as grades de proteção, invadiu a área de imprensa, derrubou o fosso VIP e começou a escalar o palco. Dali, se jogavam uns sobre os outros, numa enxurrada humana.

Fascinados com tudo aquilo, os músicos da banda continuaram tocando, como se nada estivesse acontecendo e até filmavam a insurreição hardcore que deflagravam. Uma garota ficou irritada porque escrevi que aquele tinha sido o grande show da Virada até ali. Ela tinha sua razão: quando

TENDENCIES

estouraram a grade de proteção, ficou presa nas ferragens e foi levada para o hospital em estado grave. Outro garoto foi para no Pronto Socorro com um corte no supercílio. Muitos escalavam as torres de aço do palco, postes e árvores da avenida. Um mosh gigantesco afugentava até a brigada de segurança que tentava conter o tumulto – um verdadeiro tumulto de *rock'n'roll*, como há muito não se via. Músicas como "War Inside My Head", "Freedumb" e "We Are Family" deixaram o público em estado de insanidade total.

Somente tinha testemunhado algo parecido no show do Rage Against the Machine no festival SWU. Mas o veterano grupo do Suicidal Tendencies parecia tornar a coisa ainda mais fora de controle. Eles apresentavam a turnê *Year of the Cyco*, que marcou os 30 anos de existência da banda, formada na Califórnia em 1981. **O vocalista Mike Muir incentivava a tomada de posição do público, lembrando que durante anos foram todos pisoteados pelo sistema e agora era chegada a hora de dar o troco.** Mas teve um momento em que ele mesmo temeu pela conclusão daquela coisa brutal e insana. Parou mais ao fundo do palco e ficou olhando, boquiaberto, aquilo de que fora capaz.

Eu estava encarapitado numa grade lateral e o fotografei naquele momento.

Eu não gosto de todo o rock pesado. Gosto daquele que faz sentido para além do seu rótulo. Gosto também daquele que libera pulsões primitivas, que inunda cavidades do inconsciente. Neil Young faz rock pesado com o Crazy Horse, não foi por acaso que inspirou o Nirvana e outros caras. Lemmy, do Motörhead, está em outra ponta desse leque, com a garganta íngreme que parece uma estrada de pedregulhos nos confins do mundo. Lemmy não canta, urra. Lembra o Urtigão do desenho animado, sentado em sua poltrona com o chapéu de caubói amassado, ao lado do único ser que o suporta, o Cão. É um fora da lei clássico e sua voz inumana é a anunciação da liberdade do rock. Gosto de muitas expressões de rock pesado, gosto do berro tribal do Sepultura, da piromania do Slipknot, da fúria do Metallica. Mas há algumas bandas em que o componente proletário, fodido, fala mais alto. Acho que o Suicidal Tendencies é dessa linha. São grupos que mostram que é possível viver em um mundo alternativo, com leis próprias, um mundo em que a palavra explode na boca, no limite da exploração e da invisibilidade social.

Sonny Rollins

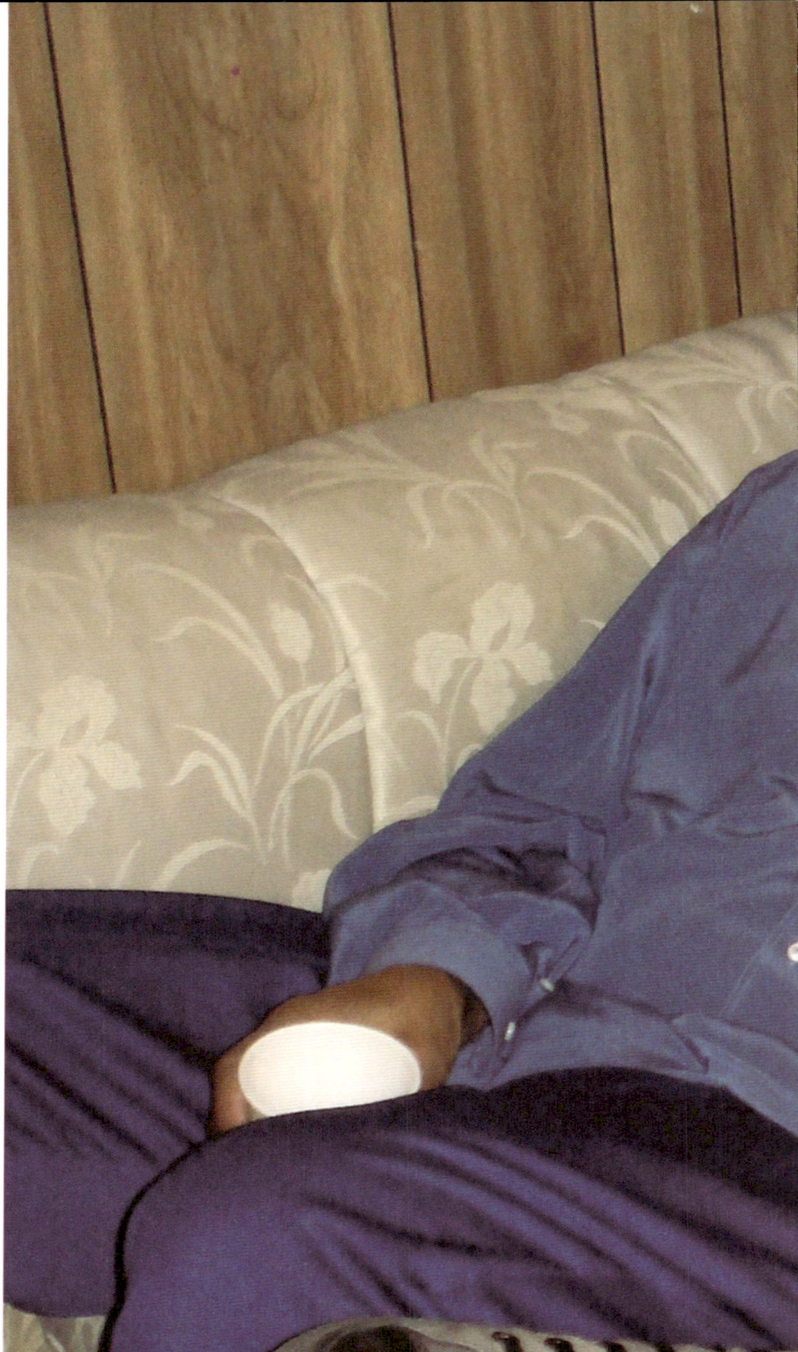

O ano de 1985 foi um ano mitológico para quem gosta de jazz nesse lado do Planeta. Vieram ao Brasil duas lendas: Chet Baker (caindo aos pedaços) e Sonny Rollins (tinindo). Mas em 1985 tudo que eu aspirava na vida era conseguir alguma coisa para o jantar que não fosse um cachorro quente no carrinho que ficava ao lado da Casa do Estudante. Eu li sobre o que aconteceu. Sonny Rollins foi um colosso, mas parecia que não voltaria nunca mais, então era apertar o passo e seguir calado em frente.

Treze anos depois daquilo, em 2008, um velho amigo me encontrou na Vila Madalena e confidenciou: “Sonny fechou, está vindo para o festival de jazz!” Minha alma se encheu de contentamento, para rememorar algum grande parnasiano do qual ninguém lembra mais o nome.

Nascido no Harlem, em 1930, Sonny viveu a glória e o inferno do estrelato jazzístico. Com apenas 25

anos já era um dos pilares do gênero, considerado exímio improvisador e paparicado por Miles Davis, John Coltrane, Billie Holiday, Duke Ellington, Coleman Hawkins. Gravou com Bud Powell e J.J. Johnson. Seu mitológico disco *Saxophone Colossus* é um dos álbuns fundamentais do jazz.

Mas veio o vício da heroína, que o obrigou a interromper a carreira nos anos 1950 – chegou a ser preso duas vezes e internado compulsoriamente para tratamento. Na época posterior aos excessos, nos anos 1950 e 1960, Sonny tornou famoso um hábito inusual entre estrelas do jazz: costumava praticar tocando para os passantes na ponte de Williamsburg, em Manhattan. "Eu era um sujeito sensível e sabia que não podia praticar em casa, incomodando os vizinhos", contou. "Eu podia ficar 14, 15 horas lá, fosse primavera, verão ou inverno." Uma vez, um taxista o confundiu com um jogador dos Dodgers, Don Newcombe, cujo apelido era Newk, e Miles Davis, bonachão, ajudou a difundir pelo mundo do jazz esse apelido de Sonny, que é mais usado entre amigos.

Para se recuperar das drogas, o saxofonista fez um trajeto espiritual rumo aos ensinamentos mais ancestrais: foi estudar zen no Japão e viveu um tempo num mosteiro na Índia, a exemplo de John Coltrane, que o estimulou e emprestou livros para convencê-lo. **"O que tento fazer com minha vida é dar a ela um significado"**, afirmou. Alguns dias depois daquilo, me chama um editor-executivo do jornal *O Estado de S.Paulo*. "Você gostaria de ir à Nova York entrevistar Sonny Rollins?" Bom, gostaria não é o termo mais correto. Eu daria minha coleção de Ken Parker por isso.

O Summerstage Festival do Central Park é muito louco. Você fica ali deitado na grama enquanto os aviões passam sobre a cidade. Não há quase filas para a cerveja e ninguém empurra ninguém. Estava ali feito um caipira à beira do lago quando um *tour manager* me chamou.

"Vocês gostariam de conhecer Sonny lá no camarim?"

Éramos cinco em viagem, aquilo seria um privilégio raro.

Afundado num sofazinho no interior do seu trailer-camarim, numa tarde infernalmente quente em Manhattan, o maior sax tenor vivo do jazz parecia cansado. A barbicha muito branca, um chapeuzinho de pescador, e ele nem sequer descolou as costas do sofá para cumprimentar os visitantes do distante país chamado Brasil. Pareceria descortesia, se Sonny Rollins não estivesse sendo tão solícito e se sua memória não fosse tão afiada. Seus problemas eram físicos, e caminhar 100 metros ereto já era uma vitória para ele.

"Faço aniversário no dia 7 de setembro. Não é a data nacional do Brasil?", perguntou. Sonny acha que nós brasileiros temos o mesmo afeto pela nossa independência que os americanos têm pela sua. Numa cadeira à sua frente estava sentado ninguém menos do que Bill Saxton, que tocou nas orquestras de Duke Ellington e Count Basie, e é talvez um dos maiores músicos negros do Harlem. Saxton distribuiu flyers que anunciavam seu show no bairro, às sextas-feiras, numa casa aberta por ele mesmo, o Bill's Place.

Sonny Rollins me cedeu o lugar ao seu lado no sofá e continuou falando das coisas das quais se lembrava do Brasil: a vista de seu quarto no Hotel Nacional, em São Conrado, Rio, em 1985, um lugar de onde, ressalta, se podia **"sentir claramente a força do Atlântico"** Iria voltar ao país após 23 anos.

Perguntei a Sonny se ele planejava tocar "St. Thomas", o seu grande hit, no show que fará dali a minutos no gramado do parque. "É um pedido especial? Ok, tocarei essa para você", respondeu. Parecia um blefe. Apertou minha mão e piscou.

Sonny Rollins tocou com seu sexteto naquela tarde. Quando ele entrou no palco, via-se que ele anda com alguma dificuldade, que se movimenta como se tivesse as pernas acorrentadas. O público o olhava com admiração, reverente, mas dava pinta de que duvidava do fôlego de Sonny – ele não parecia em boa forma. Mas bastou o primeiro acorde da afro-caribenha "Nice Lady", no entanto, para que todas as desconfianças desaparecessem.

Fui reencontrá-lo duas outras vezes na vida, a mais recente em New Orleans, em 2011. Sonny parece carregar toda a música do mundo em seu sax.

BAND OF HORSES

Estes caras do Band of Horses vivem numa fronteira difusa. Parecem *hillbillies,* mas são urbanoides. Parecem *junkies* com tatuagens tarantinianas, mas são caras de família. Ouvem muita coisa que todos nós ouvimos, mas também outras das quais poucos de nós ouvimos falar, como Carolina Chocolate Drops.

"Seja honesto, seja implacável", disse aquele velho crítico de rock Lester Bangs ao jovem aspirante a crítico de rock naquele filme *Quase Famosos (Almost Famous,* de 2000, dirigido por Cameron Crowe). É o que farejo conversando com um cara sincero como Ben Bridwell, uma experiência de exorcismo crítico. Ben é o homem de frente do grupo Band of Horses, toca guitarra e canta. Como foi para você, garoto, "abrir shows para os fodões do Kings of Leon?", pergunto. "Rapaz, não gosto. Não é uma banda que eu curta, não é um som que se relaciona com o nosso. Como ouvinte, honestamente, não gosto. São artistas mais para o pop, mais para tocar no rádio. Mas, são muito populares, abrimos shows deles na Austrália e nos Estados Unidos e foi muito bom. O público era ótimo."

Sentados na escadaria do Jockey Club de São Paulo, Bridwell e seus parceiros, Creighton Barrett (bateria),

Tyler Ramsey (guitarra) e Bill Reynolds (baixo) contam como vieram até São Paulo de carona no jatinho do Foo Fighters, que excursionava pela região e os trouxe desde Santiago do Chile. Do lado deles, a musa do rock, Joan Jett. **"Há um ambiente urbano muito fértil aqui, tem muita coisa acontecendo na sua cidade. Desta vez quero ter mais tempo para explorar o centro de São Paulo"**, me diz Bridwell. Gosto deles de cara.

"Para mim, essa garrafa de vinho/é para chapar minha mente/e fazer esquecer as coisas que eu sabia, eu sabia", diz Bridwell, na canção "Evening Kitchen" A primeira vez que ouvi a banda, lembrei-me do Bob Dylan, obviamente, porque eles têm uma atitude de palco idêntica à da banda de Dylan e de uma frase do velho bardo de Minnesota: "Às vezes, você se sente como um lutador inapto, que desce do ônibus no meio do nada, sem torcida, sem admiração. Dá socos para sobreviver por 10 *rounds* ou algo do tipo, sempre fazendo outra pessoa parecer boa; vomita a dor no vestiário, pega o cheque e volta para o ônibus, seguindo para outro lugar nenhum", disse Dylan, em 1985.

O grupo desceu do seu ônibus no meio do nada em São Paulo durante o festival Lollapalooza, no dia 8 de abril de 2011. Logo que apresentaram seu cartão de visitas, a canção "For Annabelle", o público já demonstrava que eles teriam uma longa e amigável relação com o Brasil. Tanto que, pouco mais de um mês depois daquele show, já estavam de volta para uma noitada indie na Rua Augusta.

Garageiro, o grupo faz um coquetel de folk, blues, rock e country com um ingrediente extra, uma explosão de guitarras, que encontra poucos equivalentes atuais no rock. O nome era para ser só Horses, mas aí eles se deram conta de que já havia uma banda nos anos 1970 com esse nome e mudaram para evitar problemas de *copyright.* Vieram da Carolina do Sul e de Minnesota (mais especificamente de Minneapolis). **Barbudinhos e aparentemente desencanados das agendas fashion, como nossos Los Hermanos, trabalham uma lírica meio beat, desregrada.** Dá para ouvir ecos de George Harrison, Neil Young, J.J. Cale, Beach Boys e mais uma porrada de nego bom no seu som.

Bridwell já tinha integrado outra banda antes, chamada Carissa's Wierd, mas não gosta de lembrar-se dela. "Rapaz, eu toquei bateria naquele grupo e toquei bateria terrivelmente. Eu era péssimo" Ele é do bem: como Chrissie Hynde, Bridwell apoia a organização People for the Ethical Treatment of Animals (Peta), que luta pelo fim da crueldade contra os animais.

"É uma ampliação da visão das gloriosas paisagens americanas", disse deles, ufanisticamente, o site *Clash.* Você dá três nomes a Bridwell (que julga terem a ver com o som do Band of Horses) e pede para ele escolher apenas um: Simon e Garfunkel, John Denver e Wilco. "Sou grato ao Wilco. Não cresci

ouvindo Simon and Garfunkel ou John Denver, mas fui fã do Wilco e sou fã até hoje. Foi uma influência de fato fundamental"

Também citam Hüsker Du, The Faces e Replacements como influências de diversas épocas de sua iniciação musical. Eles surgiram em 2004, mas só gravaram o primeiro disco em 2006, *Everything all the Time*. Cheio de mantras folk o trabalho.

Algumas das músicas da banda, como "The Funeral", podem ser encontradas em comerciais, filmes, séries de TV e até games. "Imagético? Não sei se é. Há bastante resposta de outras mídias para o nosso som, mas eu escrevo o que escrevo, faço isso com emoção e é uma experiência de revelação para mim. Se interessa ao mundo das imagens, acho que é apenas sorte."

Bridwell tem um jeito sucinto de definir suas canções. Por exemplo: "A Little Biblical" "[Esta canção] Fala sobre envelhecer fazendo música na frente de um monte de gente e do sentimento de seguir em frente a qualquer custo."

Entre aquelas coisas preferidas da gente para as quais a maioria não dá a mínima, Band of Horses tem lugar de honra. A definição-chave é: **uma banda que se orgulha de ser norte-americana, sem, no entanto, se embebedar de patriotadas, nem soar xenófoba. Sua meta parece ser abastecer-se de alguma poeira dos cânions, da amplidão territorial, do movimento sem rumo.**

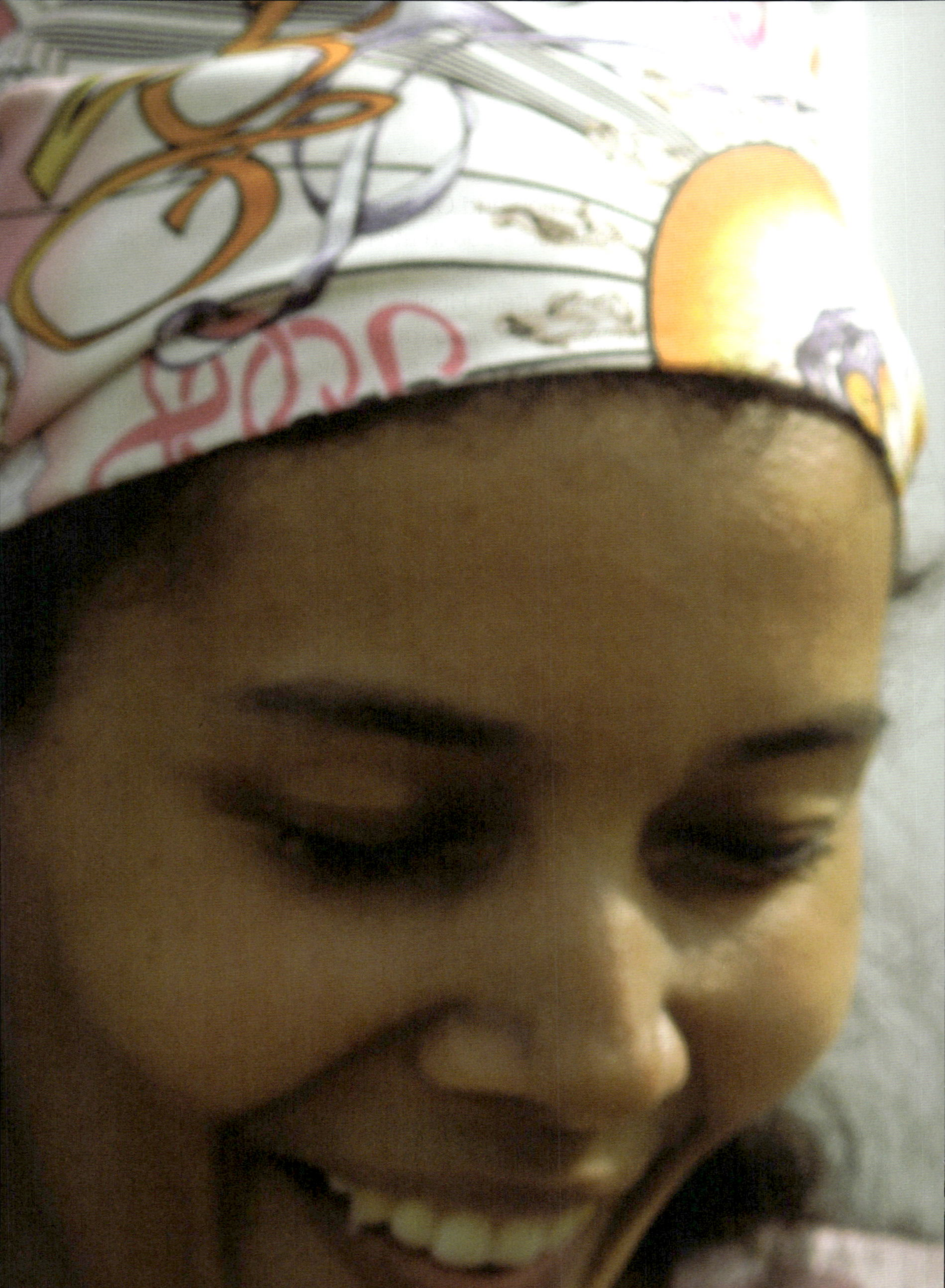

CAROLINA CHOCOLATE DROPS

Algumas vezes você se depara com uma banda nova e ela lhe chama a atenção por algum novo tipo de linguagem, alguma volúpia: um certo topete, uma vontade de se dissolver em cena. Do contrário, para mim, não faz a mínima diferença se é nova ou não. Ao ouvir o som do grupo Carolina Chocolate Drops saindo de uma tenda no festival de New Orleans, a primeira impressão que tive foi que era algo mais antigo do que eu, do que a música pop, do que a eletrificação. Mas ao mesmo tempo era uma música que soava como um aperto de mão firme, uma coisa honesta e "incomprável", irredutível aos rituais do comércio.

Num festival como aquele, cheio de estrelas, eram apenas três garotos em cena munidos de banjos, violões, guitarra, um trompete no chão e um garrafão de vinho vazio. Eles juntavam a técnica moderna do hip-hop, o *beat box*, ao som de uma *jug-band* negra dos anos 1920 e 1930. Encaravam um público de duas mil pessoas. À frente do grupo, havia uma mulata de sorriso irônico, uma cantora extraordinária chamada Rhiannon Giddens. Resolvi imediatamente que iria adotá-los como **"a minha banda preferida que ninguém conhece"** Multiinstrumentistas, todos tocavam tudo. Rhiannon tocava violino com o fogo de um Jimi Hendrix em cena, dançando o tempo todo.

Além de Rhiannon, a banda tinha outros dois garotos de irritante autoconfiança em cena: Dom Flemons e Justin Robinson (que fazia o *beat box* e tocava o garrafão de vinho). Eles não eram mesmo conhecidos da maioria do público àquela altura, em 2009, mas em quatro anos ganhariam notoriedade entre plateias e, principalmente, entre seus pares, como Dave Matthews e Robert Plant. Abririam shows de Taj Mahal e Bob Dylan. Estão na trilha do filme *The Great Debaters* (2007), com Denzel Washington. Eu parei tudo que estava vendo, deixei de lado até mesmo o show do Van Morrison para ficar ali – o que causou espanto em alguns dos meus colegas. "É só mais uma banda de bluegrass, há centenas por aqui", me disseram.

Ao final, como tinha uma credencial de imprensa, os procurei nos fundos do palco para conversar. Cheia de marra no palco, Rhiannon se revelou mortalmente tímida. Contou que vinha de uma cidade chamada Boone (Carolina do Norte), e que sua referência musical era Joe Thompson, um velhote tocador de banjo. Robinson era mais malaco, tinha grande conhecimento do Brasil, falou de Djavan e de Gilberto Gil e **mencionou um plano concreto de um dia conhecer a Bahia, "terra dos maiores percussionistas do planeta"** Foi um contato superficial, eles estavam surpresos com o meu interesse. "Não acho que se possa falar em um gênero específico para definir nossa música. Tem um pouco disso, um pouco daquilo. Não temos essa intenção de misturar folk tradicional com hip-hop, às vezes acontece" Eles terminaram o show com uma versão acachapante de "Hit Em Up Style", de Tupac Shakur.

Tentei convencer dois promotores de shows muito antenados a ouvirem a banda e contratarem para tocar no Brasil. Eles não pareceram convencidos. Mas eu, desde aquela tarde, ouço com profunda atenção e reverência aqueles garotos da Carolina do Norte. No ano seguinte, seu disco *Genuine Negro Jig* (2009) ganhou um Grammy na categoria Best Traditional Folk Album. Também incorporaram um guitarrista e uma violoncelista ao som, que ficou mais cheio de nuances. Robinson os deixou. Tocam em programas *cult* de TV, como o de Jools Holland, da *BBC*.

Mas, eu vou me lembrar, eternamente, deles com os sorrisos tímidos naquela tarde quente de New Orleans, entre duas cervejas Abita e um *po-boy* de camarão e pimenta vermelha. **Presenciar o nascimento de uma banda é uma dos grandes privilégios da cultura pop – e, naquele momento, eles vinham de parto natural; nada de cesariana.**

Davell Crawford

Eu não poderia esquecer o dia em que o pianista Davell Crawford, então com 30 anos, tocava no palco do Bourbon Street Music Club (São Paulo) quando caiu o teclado, no meio da apresentação. Ele terminou o show tocando com o instrumento no chão. Foi em 2005, um ano cheio de imprevistos para os jazzistas norte-americanos.

Davell é um dos filhos diletos da noite efervescente de New Orleans – é conhecido como **"O Príncipe do Piano",** um portador da antiga chama da cultura gospel sulista. Anda pela noite da cidade acompanhado da mãe, das tias, das irmãs, dos primos. Tem um batalhão de artistas na família. Ele estava em São Paulo com outros artistas da cidade, como Ivan Neville e Rockin' Dopsie Jr., quando o furacão Katrina varreu sua cidade. Ficaram a noite toda na TV e no telefone, tentando obter informações sobre suas famílias.

YAMAHA
MOTIF

Crawford é neto do grande astro de R&B dos anos 1950, James "Sugar Boy" Crawford, compositor de Jock-A-Mo, uma espécie de Cabeleira do Zezé do Mardi Gras de New Orleans. Atribui-se ao jovem Crawford o fato de ter se reacendido uma tradição de piano em Nova Orleans que remete aos mitos Professor Longhair e James Booker. Não raro, ele é visto tocando acompanhado de lendas do blues, como Walter "Wolfman" Washington e Dr. John, e do jazz, como Donald Harrison Jr. e Nicholas Payton.

Sua habilidade no teclado e nos *arpeggios* vocais é um patrimônio de New Orleans, que o trata como uma diva local. E ele não é uma estrela agarrada somente à tradição e à herança: sempre se sai bem com os *standards* do povo, como "Fire and Rain", de James Taylor, ou "The River of Dreams", de Billy Joel. Também costuma se apresentar na tenda gospel do festival de New Orleans, coisa que só gente muito espiritualizada consegue. Também vai ao outro extremo, ao cajun enlameado da Louisiana, que nutre sua música.

Naquela noite no Bourbon Street, Davell Crawford pulou como um gato em cima do teclado que se estatelou no chão. Todos ficaram sem ação. Ele não. Apertou duas teclas, viu que continuava funcionando, desceu do banquinho e mandou bala.

Irvin Mayfield

Estamos numa tarde escaldante de quarta-feira (num dia de maio de 2008) e o trompetista Irvin Mayfield toca de costas para a porta num pequeno palco no meio da única loja de discos que sobrou em New Orleans, a Louisiana Music Factory. Tem à sua volta a nova geração do jazz local, como o baterista Jason Marsalis. O lugar está lotado, tem gente até na rua. O trmpetista usa uma camiseta com a inscrição "Sheriff" nas costas e ele não esta muito longe dessa posição na cidade que é o berço do jazz americano.

New Orleans tem essa característica: sempre tem um chefão dando as cartas por ali. Só que, em vez de uma metranca nas mãos, os chefões de hoje em dia têm uma ascendência musical sobre os colegas. Os mais notáveis reivindicam o posto de patriarca e Irvin, que tem pouco mais de 30 anos, ainda é muito novo – é o cara nesse momento.

O que é mais louco: o patriarca por longevidade, o pianista Ellis Marsalis, notório ranzinza, gravou tudo que Irvin quis gravar, incluindo até uma versão fragmentária de "Yesterday", de John Lennon e Paul McCartney. "Quando eu mostrei essa canção para Ellis, pedi a ele que me desse algumas sugestões. Ele ouviu e disse: 'está otima, vamos gravar desse jeito mesmo'", contou Mayfield.

Irvin Mayfield foi escolhido pelo senado americano como embaixador cultural de New Orleans. Atualmente, é tembém o respeitado diretor artístico da New Orleans Jazz Orchestra, diretor da Chandler Orchestra do Arizona e tem um dos mais altos cachês do jazz na atualidade. Mayfield é sisudo, parece levemente arrogante, mas leva a sério todas as perguntas, não se furta a responder nada.

Um dia após vê-lo naquela jam session numa loja de discos, eu o encontrei se preparando para reger sua orquestra. Estava sobre o palco vistoriando tudo; ao seu lado estava o filho Paul, um garoto com camiseta de time de basquete. Essa atmosfera docemente familiar embute uma transição sempre em progresso. Em New Orleans, em vez de o primeiro presente de um garoto ser uma bola, pode ser um trompete, um trombone ou um sax.

O trompetista poderia ir viver nos centros mais abastados para os homens da linha de frente do jazz, mas não sai de New Orleans por nada no mundo. Tem motivos até mesmo afetivos para isso – seu pai morreu na tragédia do Furacão Katrina. Ele decidiu ficar e encarar boas lutas. A maior delas está ainda em curso: criar na cidade, berço musical dos Estados Unidos, o National Jazz Center (NJC). **"Estou dizendo, jazz é a nossa indústria, uma indústria cultural, econômica, baseada em nossa fonte natural. O petróleo está para a Arábia Saudita assim como o jazz está para New Orleans"**, disse Mayfield, explicando porque o seu projeto de um museu poderia beneficiar a cidade de diferentes maneiras e qual era a importância estratégica. "O novo National Jazz Center vai catalisar e estimular a revitalização da economia de New Orleans, centrada diretamente sobre o jazz, nossa mais abundante fonte natural de recursos. Será a mais completa estrutura de jazz no mundo."

A ideia de Mayfield é de fato ambiciosa: além de abrigar um museu, o local pretenderia guardar as relíquias da história do jazz. O músico já é do conselho de direção da Biblioteca Municipal de New Orleans, que tem um setor inteiro dedicado ao gênero. Pretendia também que o seu NJC se tornasse uma espécie de distrito artstico, ajudando na formação e habilitação de músicos, além de servir como sede para a New Orleans Jazz Orchestra.

Seria o lugar para grandes concertos, com salas adequadas, auditórios para conferências, aulas e centro de referência. Atualmente, a única universidade que oferece graduacao em jazz nos Estados Unidos é Columbia University, em Nova York. "O jazz é vendido por todo o país. Começou aqui. Vive aqui. Os americanos procuram por experiências autênticas", frisou.

No final do dia, Mayfield se apresentaria com a New Orleans Jazz Orchestra no palco mais brilhante da cidade, o Jazz Festival. O festival tem um impacto econômico estimado em US$ 300 milhões na Louisiana. O National Jazz Center já tinha um projeto arquitetônico, na ocasião. Foi feito pelo arquiteto Thomas Mayne, em 2006, e previa que o prédio do novo museu americano fosse instalado nas esquinas da Poydras Street com Loyola Avenue. O terreno foi doado por uma cadeia de hotéis. Cheio de torres de vidro e rampas que saem da rua para sua estrutura central, o projeto que Irvin arrastava pelos gabinetes de New Orleans era imponente.

Não me pareceu uma tarefa tão mirabolante organizar a história do jazz de Nova Orleans. Ela está por toda parte e nem sempre bem cuidada. A praça Louis Armstrong, por exemplo, nas imediações do French Quarter, o circuito mais turístico da cidade, está fechada. Tudo aqui tem história musical. Em 1913, por exemplo, Louis Armstrong foi preso por disparar uma arma na comemoração do Ano Novo. Ele ficou três anos no reformatório em Gentilly (New Orleans). Lá ele ganhou seu primeiro trompete e começou a aprender música. Nos cartazes de promoção turística da cidade de New Orleans, que busca reencontrar seu caminho, um dos protagonistas de um banner gigantesco é justamente Irvin Mayfield – que surge na foto sentado com um garoto negro, ajudando-o a tocar o trompete.

Stevie Wonder

"Não sei muito sobre História/Não sei muito sobre Biologia/Não sei muito sobre Ciências/Não aprendi muito das aulas de Francês/Mas sei que amo você/E se você me amar também/Que maravilha o mundo será" O som surfístico e epidérmico da canção "Wonderful World", de Sam Cooke, sempre é a senha para uma grande festa. Quando é Stevie Wonder cantando, é inapelável. Não era a primeira vez que eu assistia a um show de Stevie Wonder, mas sempre me emociono nessa parte. Já o tinha visto com Gilberto Gil no Ibirapuera, em 1997, num festival de reggae.

Fui reencontrá-lo em New Orleans, em 2008, num show que ele faria 30 anos após sua última visita musical à cidade. Stevie Wonder estava mais roliço, os cabelos brancos já contaminam seus *dreadlocks;* Aysha, sua filha, era quem cuidava de longe. Mas a voz de Wonder estava mais envolvente e melódica do que nunca. Naquela ocasião, aproveitou para pedir votos para Barack Obama, de quem é recorrente cabo eleitoral.

"Façam a coisa certa por nós, pela América, porque, sim, nós podemos", disse, citando o slogan da campanha obamista – "Yes, we can" "Não estou dizendo isso contra essa ou aquela pessoa, mas a favor da nossa nação."

Ele disse ainda que gostaria que sua terra fosse conhecida não mais por Estados Unidos da América, mas, doravante, por "Povo Unido da América" Para tal, ele supôs que "negros, mulatos, brancos, amarelos" estão unidos pelo "amor de Deus" e que as divisões não fazem sentido.

Mas essa era uma ocasião especial para ir atrás de Wonder: ele se reencontraria com Gil na recauchutada casa de shows Imperador, que fica no Méier, na zona Norte do Rio. Gil e Wonder são pontas de lança de um ativismo *soft*, melódico, profundamente relacionado com o tipo de música que fazem: arredondada, dançável, harmônica. O primeiro atua com uma *big band*. O segundo toca como se estivesse indo à praia com sua banda estradeira.

Stevie cria uma tempestade elétrica com seus teclados. Contudo,a vibração fundamental passa pelo baixo de Nathan Watts. Não por acaso, Watts é o diretor musical de Wonder e era um garoto quando gravaram o clássico "Songs in the Key of Life" É uma espécie de maestro do *groove*, cuidando o tempo todo do tempo de fervura do show.

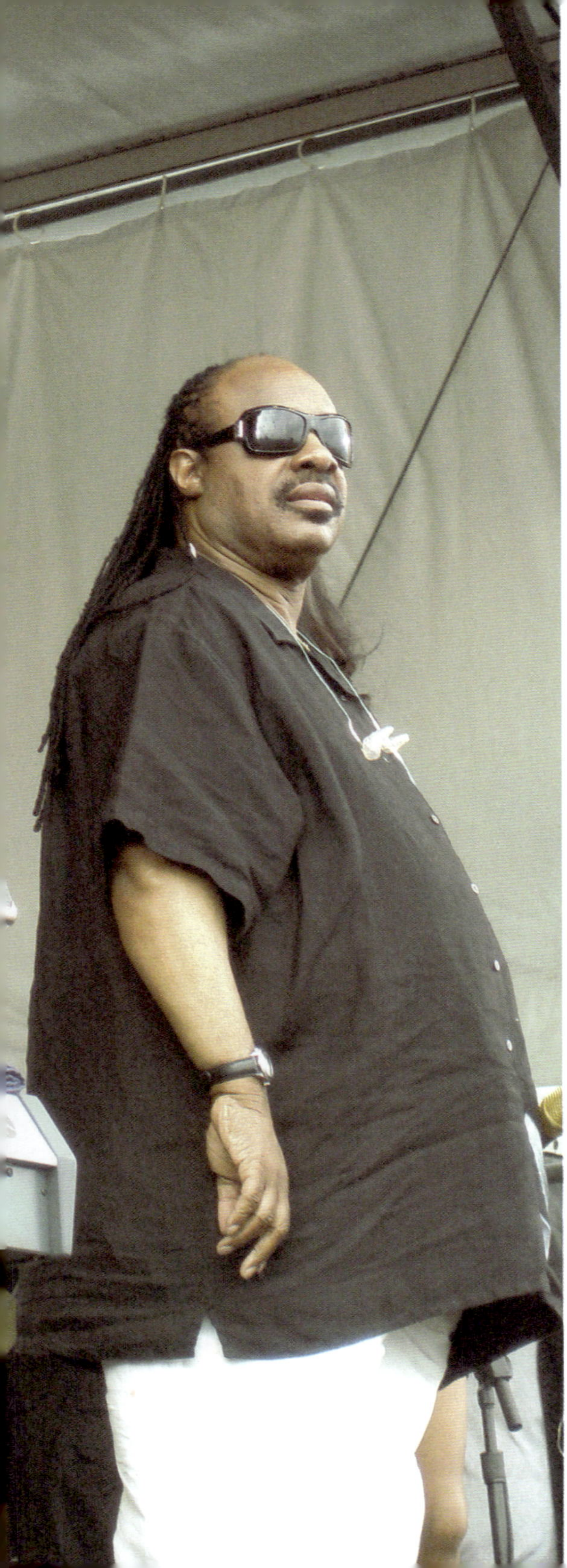

Gil me contou que conheceu Stevie Wonder pessoalmente nos anos 1980, quando fez "Só Chamei pra Dizer Que Te Amo", versão de "I Just Call to Say I Love You" (1984), do cantor e compositor americano. Ambos negros, ativistas e operários do ritmo. Stevie, funk soul brother que está no Olimpo da black music, mudou a face da música moderna com canções como "Superstition" (1975), base de tudo para dançar que viria depois. Já Gil foi o aríete do Tropicalismo.

O encontro entre os dois aconteceu em Washington, quando Gil estava em turnê. "Estava ensaiando, passando o som de tarde, quando recebi um telefonema. 'Stevie Wonder está em Washington e quer falar com você'. 'Stevie Wonder? Aquele Stevie Wonder?', perguntei. Liguei de volta, ele atendeu e disse que queria ver o meu show. Falei 'claro'. E reservamos uns cinco lugares, ele veio com a comitiva", relembrou Gil.

Stevie subiu ao palco e tocou gaita em "I Just Call" O americano estava em Washington para uma audiência no Congresso, no dia seguinte. Pleiteava a criação do "Dia Martin Luther King" "Fomos jantar, depois fomos para o hotel dele. Estava hospedado no Watergate, aquele famoso hotel do Nixon. E foi uma conversa longa, ficamos a noite toda, até as 7h30 da manhã. Ele falando sobre como estava receoso de represálias, sabia que eu tinha uma inserção política no Brasil. E daí nasceu essa camaradagem. Quando ele veio fazer uma excursão no Brasil, pediu para que eu participasse."

Depois disso, Stevie voltou a convite do já ministro Gilberto Gil, em 2006, para um simpósio sobre negritude em Salvador. Quando houve o mais recente Rock in Rio (2011), Stevie era um dos astros. "Eu estava em casa, 1h da manhã, e ele me ligou lá do camarim. 'Gil, você não vem ao show?' Eu não podia, tinha acabado de fazer um show, estava morto. Disse: amanhã vou lhe visitar no hotel. Fui, ficamos horas conversando." Erasmo Carlos, durante o mesmo Rock in Rio, indagado se gostaria de ver alguma banda em especial ali, respondeu: **"Não. Já vi o Stevie Wonder, então já vi tudo!"**

Por isso, quando surgiu a intimação para ir ao Méier reencontrar Gil e Stevie no Imperator, minha alma cantou de alegria. Eles tocariam ainda no Natal de Copacabana. Houve dois momentos pungentes. Primeiro, quando Stevie (que trouxe toda a prole para o Rio) tocou "Garota de Ipanema" (clássico de Vinícius de Moraes e Antônio Carlos Jobim, de 1962) na gaita, regendo as centenas de vozes afinadíssimas da plateia – um coro inacreditável, em português. Depois, Gil fez dueto com Wonder em "The Secret Life of Plants", do disco *Journey Through the Secret Life of Plants Volume II* (1979). Na plateia, era possível ver o impacto do show de Stevie Wonder nos olhos dos presentes. Uma celebração gospel movida a êxtase e ritmo.

KINGS OF LEON

Fuçando na colisão cultural que resultou na música americana, uma geração inteira começou a escavar, lá nos anos 1960, os limites de gêneros como country, blues, gospel, bluegrass, cajun, zydeco. Era a geração de Bob Dylan, Neil Young, Allman Brothers, Creedence Clearwater Revival e Grateful Dead. Uma curiosidade que se espraiou para a velha Inglaterra, cooptando Rolling Stones, Led Zeppelin, Yardbirds, Bluesbreakers.

Nos anos 1990 e na primeira década do século XXI, uma nova geração deparou-se com essa mesma busca pelo eldorado musical do passado, com sua riqueza étnica, especificidades geográficas e tradições culturais. Alguns dos mais instigantes ou bem-sucedidos artistas e bandas do cenário americano da atualidade cortejam esse universo mítico: The White Stripes, Wilco, Beck, Lambchop e Kings of Leon (banda formada pelos irmãos e primos Followill).

Em meados de 2000, um grupo de garotos barbados formavam o Kings of Leon, que chamava a atenção do mundo todo. A banda foi composta

pelos irmãos Caleb (22 anos, voz e guitarra), Jared (17 anos, baixo), Nathan (24 anos, bateria) e pelo primo Matthew (19 anos, guitarra) – idades da época em que surgiram no cenário musical. Filhos de pastor de igreja pentecostal, os irmãos (e o primo) iam mais longe que seus colegas de geração na busca das raízes sonoras.

Na primeira vez que vieram ao Brasil, tocaram na Marina da Glória, no Rio de Janeiro. Na plateia, encontrei a atriz Drew Barrymore com três seguranças. Era uma fabulosa concentração de mulheres bonitas por metro quadrado. Com Southern rock de entrega rápida, uma pegada de banda que não está nem aí se está

tocando no Grand Canyon ou no Royal Albert Hall, eles ganharam admiradores de todos os quadrantes.

Tive simpatia imediata pela vontade de se tornarem Kris Kristofferson e saírem pelo mundo tocando em paradas de caminhão e usando as mesmas botas que seus pais usaram para separar bezerros na fazenda. Mas é claro que não segurariam isso por muito tempo. O garage rock tinha que encher estádios e eles estavam se adaptando a isso. Porém, o estilo rude da bateria de Nathan ainda conduzia a um bom sentimento de liberdade e autodidatismo.

Em 2010, o KOL reuniu o maior público do SWU Festival, numa fazenda em Itu, interior de SP: 56 mil pessoas e, de novo, a espantosa predominância de mulheres bonitas. Parecia que tinham misturado um tempero meio grunge ao Southern rock – contudo, já tinham eram grandes demais para aquela atitude *blasé* do início. O som tinha uma qualidade técnica impecável, coisa de quem tem ou muito dinheiro ou influência. Sem entrar em complicadas explicações sociológicas, eu me peguei perguntando: **"como Caleb Followil consegue entrar naquelas calças tão apertadas? Por que até o *roadie* deles corta o cabelo e se veste do mesmo jeito que eles?"** Parecia já uma religião.

Fui vê-los também nos Estados Unidos, em 2009, e lá a conversão do público é ainda maior e mais fanática. Eles andam pelos festivais com um entourage maior do que a dos Stones. Cortaram as barbas, arrumaram mulheres modelos. Caleb Followill parece que tinha se esquecido dos seus heróis originais – Townes Van Zandt e Blaze Foley.

Hoje mesmo eu vinha de carro ouvindo "Back Down South" (2010), o manifesto existencial dos Kings Of Leon. O videoclipe os mostra regressando para um show no meio do pasto, numa fazenda e os fãs se arrumando, descolando fogos de artíficio e fazendo caravanas de picape para vê-los. A estrada leva os jovens *rock star*s para longe de sua terra e, muitas vezes, eles talvez nunca mais consigam vê-la de novo.

Arnaldo Baptista

Entre setembro e outubro de 2011, eu estive, durante uma semana, nas duas pontas do que sobrou dos Os Mutantes. No Rock in Rio, Sérgio Dias Baptista, com sua banda reformada, conduziu um espetáculo um tanto quanto melancólico, pela falta de invenção e criatividade que lidera no que chama de Os Mutantes.

Depois, ainda naquele ano, fui ver o Arnaldo Baptista no Sesc Belenzinho, na Zona Leste de São Paulo. Em maio de 2006, Arnaldo (ao lado de seu irmão Sérgio Dias, de Zélia Duncan e de Dinho Leme) ressuscitou, por um ano, o sonho psicodélico chamado Os Mutantes. Mas Arnaldo recusou-se a seguir em frente com aquilo, não via mais sentido.

Ele estava, então, sozinho no palco, num recital de piano. A última vez que

Arnaldo havia se apresentado ao piano foi em 1981, informou a mestre de cerimônias do show, a cantora Taciana Barros, que integrou a última formação da mítica Gang 90. Ou seja, depois de 30 anos, víamos um recital de Arnaldo Baptista (29 anos após sua quase morte, a queda da janela de um hospital).

O público o entendia perfeitamente e Arnaldo entendia perfeitamente que não estava ali em forma – era o que sobrara dele que estava ali. Arnaldo estava com 63 anos e entusiasmo de uma criança. O recital de piano fora "inventado" por ele e sua esposa, Lucinha, com quem vive num sítio em Juiz de Fora. O evento foi feito para alegrar o aniversário de um fã, ao ar livre, na Serra da Cantareira, em 9 de julho de 2011. O fã se debulhou em lágrimas e o show virou *cult*.

Logo após as primeiras três músicas, concluí: havia anos eu não via um show tão instigante – a poética visionária, a pulsão anticomercial, a criticidade em relação ao mundo e à sociedade, estava tudo intacto naquele show de Arnaldo. Ele ama Elton John e tocou duas canções do músico britânico – "Rocket Man" (1972) e "Skyline Pigeon" (1969). Mas de uma forma que nem o próprio Elton saberia decifrar, por ser uma leitura de seu esforço mais revolucionário do passado.

"Crazy", "Sanguinho Novo", "Balada do Louco", o tema da Pantera Cor de Rosa. Cada canção que Arnaldo terminava ele festejava, celebrando a vitória de ter chegado ao fim antes mesmo do último acorde expirar. Estava feliz e vitorioso.

"Não há perigo, a insegurança é tudo", cantava. A voz parecia mais firme em inglês. Em português parecia pastosa e afogada, mas ele ia em frente. Brincava com a própria fé, a própria sobrevivência, afagando-se quando pronunciava o verso "se eles são bonitos, sou Alain Delon"

Arnaldo impressionava pelo que trazia de verdade àquela plateia. Havia muito tempo que eu não ficava tão feliz num show. A cidade se revezando entre visitantes de um mundo plástico, como Justin Bieber e Rihanna, e um cara desse porte, que faz seu show na fronteira de um mundo alucinado, trazendo imagens e emoções que nos desacostumamos a frequentar.

Talvez seja por isso que pop stars do mundo todo tenham começado sua saga de conquista planetária ao ouvir o som de Arnaldo Baptista. "Esses caras foram realmente visionários. Acho que o som deles tem tudo a ver com o nosso. Conheço também 'Jesus Come back to Earth' (1982), do Arnaldo Baptista. Esse som tem tudo a ver com o som do Tame Impala", conta australiano Kevin Parker, voz e guitarra da banda Tame Impala, um dos grupos mais paparicados da cena atual do rock.

Nos anos 1980, quando Arnaldo Baptista voltou a circular pelo mundo após sete anos. O lendário líder do grupo Os Mutantes já usava a pintura de forma terapêutica e presenteava amigos com gravuras, telas originais ou camisetas pintadas. Era surpreendente a coerência estilística e o jeito como Arnaldo dissolvia em suas telas o mesmo discurso psicodélico e libertário que caracterizou sua música. **"Sim sou muito louco, não vou me curar. Já não sou o único que encontrou a paz."**

Meses depois, escalaram o recital de piano do Arnaldo para uma noite de gala no Teatro Municipal de São Paulo. Fomos encontrá-lo e ele nos convidou para ir ao camarim. "Ontem me disseram que um dia eu vou morrer, mas até lá eu não vou me esconder", ele cantou, na imensidão do Municipal lotado.

"Fiquei um pouco bobo no começo, o teatro é imenso, parece aqueles palácios do tempo de Luís XIV", brincou já no pós-show. "Foi gostoso. O som também, que englobava todo mundo, isso é muito estranho no Teatro Municipal. Vim aqui muitas vezes ver óperas. Nenhum cantor tinha microfone. Sem nada. Então, é um poder de acústica maravilhoso que tem aqui"

"Um pintor consegue voltar depois de três anos e pintar igual ou melhor, mas um músico tem que estudar todo dia, senão perde a técnica", explicou Arnaldo. Ele estava também estreando como pintor, exibindo sua primeira coleção de quadros numa galeria de São Paulo. Perguntei-lhe sobre a semelhança entre suas pinturas e as de William Blake. "Ouvi falar nele. Mas acho que o mais influente para mim é Maxfield Parrish (1870-1966). Influenciou-me durante muitos anos, adoro aquela pintura pontilhada, aqueles temas de casas, de meninas", ele respondeu, candidamente.

Ele é uma lenda que frequenta as redes sociais; está sempre no Twitter. "Na minha época, só tinha computador na Inglaterra e nos Estados Unidos. Hoje estão em qualquer lugar. Acho que isso vai abrangendo até outros planetas, em função dessa comunicação total. Uma vez, um presidente americano disse que o esforço deles para localizar culturas ETs tinha um sentido, que talvez a Terra entrasse em uma unidade. Porque, se os ETs surgissem com três cabeças, então as nossas diferenças, essas coisas de negros e brancos, ricos e pobres, isso tudo deixaria de fazer sentido como diferença", riu Arnaldo.

Maureen Bisilliat

Já encontramos a fotógrafa Maureen Bisilliat em loja de ferramentas e em cinema de arte, tentando ver o filme sobre *Violeta Parra (Violeta foi para o céu,* 2011). Ela tinha, àquela altura, 80 anos. Na loja de ferramentas com a filha, Sophia, ela me contou que estava planejando se mudar da casa onde viveu por 50 anos, quase toda a sua vida. **Maureen é uma mulher que nunca parece estar num lugar só**. Mas sempre foi possível no mesmo endereço: ali pelo meião da Rua Bela Cintra, no Jardins, em um trecho inteiramente dominado por lojas como L'Occitane e L'Oeil.

Devido à mudança de Maureen, foi marcada uma grande festa. Ela nos convidou para o ritual de despedida de sua casa. Foi no dia 30 de março de 2011 que, afinal, ela se despediria da casa e rumaria para um lugar menor e onde pudesse ser mais bem cuidada, na Vila Madalena. Aquela casa era grande demais para ela, conforme lhe convenceu a filha.

Sophia é do tipo que convencia até mesmo antigos presos do Carandiru

a participarem de desfiles de moda no Pavilhão 6 e a falarem em documentários de amigos cineastas. Não tinha como Maureen dizer não. Então, veio a festa de saideira. A filha, a neta, o neto, os amigos, os amigos chamados Jacques, os amigos distantes, os penetras, um ou outro cliente da L'Occitane, um casal curioso de jornalistas. Todos estavam lá, bebericando as cervejas que estavam em baldes com gelo e certificando-se que Maureen iria mesmo se mudar. Bebemos, perguntamos sobre os objetos africanos, sobre os retratos nas paredes, sobre as fotos com amigos como Guimarães Rosa, Jorge Amado e Ariano Suassuna. **Maureen não parecia apegada a nada**. Divertia-se, conversava com todo mundo. Uma hora ela e a Nana, uma nova amiga, subiram até o quarto para conversar em particular. "Ela se sentou na cama com o cigarro aceso, sem nem se importar onde ia derrubar as cinzas. Falava e derrubava cinzas sobre o lençol branco, que se amontoavam como pingos em um castelo de areia, e como tal, apesar da aparente fragilidade, permaneceram intactas ali no lençol durante toda a conversa", observou a Nana, fascinada

pelo universo em equilíbrio permanente da Maureen. Maureen só parece distraída, mas ela tem na ponta da língua o preço do tamanco sueco, o *trend topic* do dia e o nome do rapper que tá bombando na periferia.

Semanas depois da festa da mudança, soubemos que as coisas ainda não tinham saído da casa. A casa da Bela Cintra tinha um enxame de interessados correndo atrás de contrato, advogado e propostas para decretar o fim do relacionamento entre Maureen e seu antigo *bunker*. Mas não tinha a vontade de Maureen. No dia 14 de abril, Sophia mandou um e-mail: "Só pra te dizer que D. Maureen não sairá mais da casa! Ela desistiu!!!!", estava escrito na mensagem, com sucessivas exclamações.

Maureen Bisilliat, inicialmente, era pintora, influência da mãe, a pintora Sheila Brannigan (1914 -1994), e da formação (estudara pintura com André Lhote, em Paris, em 1955). Ali mesmo, nos anos 1950, caiu-lhe uma Rolleiflex na mão, com a qual ela desembarcou em Nova York para estudar com Morris Kantor. Ao chegar ao Brasil, um amigo lhe deu de presente um exemplar de *Grande Sertão: Veredas* (João Guiamrães Rosa, 1956), uma leitura que mudaria sua vida. **Ela pediu um encontro com o autor. Guimarães Rosa não só a recebeu como disse a ela que sua ascendência irlandesa iria ajudá-la a entender o sertão mineiro**. Isso foi em 1963, ano em que a fotógrafa se naturalizou brasileira. "Uma coincidência que não deixa de ser reveladora de sua ligação espiritual com a terra", escreveu o Toninho, Antonio Gonçalves Filho.

Yann Tiersen

Yann Tiersen pegou um vôo com cinco horas de atraso na Cidade do México. Era um apagão aéreo mariachi. Assim, o músico francês só chegaria a São Paulo no mesmo dia em que tocaria, quarta, às 17h40. Às 21h30, já estava no palco do Sesc Vila Mariana, onde ficou até as 23h30.

Apesar da maratona, Yann botou para quebrar naquele verão de 2007. Usou furadeira, piano de brinquedo, guitarra e arco de violino no show. Ao fundo, ouvia-se um instrumento fantástico, o ondes martenot, tocado por Christine Ott. Trata-se de um teclado eletrônico que faz oscilar sons agudíssimos, como um theremin de teclas. Foi inventado em 1928 por Maurice Martenot, e é ouvido com mais frequência na música de câmara.

O show tinha uma atmosfera meio *fin de siècle*, meio Joy Division. Tiersen tocou cinco músicas no bis. Depois, ainda foi ao saguão do Sesc, onde umas duas

dezenas de fãs o esperavam, deu autógrafos e posou com a molecada para fotos, com sua banda a tiracolo. Um herói gaulês. Eu e uns amigos fomos conhecê-lo.

O compositor e multiinstrumentista francês Yann Tiersen era o sujeito que tinha composto as trilhas dos belos filmes *Alice e Martin* (de André Techiné, 1998), *Le Fabuleux Destin d'Amélie Poulain* (Jean-Pierre Jeunet, 2001) e *Adeus, Lênin!* (Wolfgang Becker, 2004). Principalmente, todos queriam ouvi-lo por causa da trilha de *O Fabuloso Destino de Amélie Poulain* (2001), a cândida Amélie Poulain, ingênua flaneuse de Montmartre, um dos maiores sucessos do cinema francês da nossa época. É algo contemplativo, lírico, mas Tiersen é bem mais *rock'n'roll* que aquilo. "Eu não me sinto incomodado quando me falam de *Adeus, Lênin!* ou de *Amélie Poulain*, que me permitiram ficar conhecido no mundo inteiro e poder tocar em toda parte. Mas a dificuldade de ter conhecido o sucesso por intermédio de uma trilha é que muitas pessoas pensam que eu só faço isso, enquanto que essa é somente uma parte de meu trabalho", desabafou.

Foi um dos grandes shows de rock daquele ano. Meu filho guardou um autógrafo dele no programa da noite. Como num espetáculo do Arcade Fire, dava-se uma troca frenética de instrumentos musicais no palco, além de ataques viscerais a violinos, guitarras, baterias, acordeões. Em dado momento, o guitarrista Marc Sens tocou seu instrumento com uma furadeira elétrica fazendo slide. Tiersen escavava a melodia por baixo das distorções, para logo em seguida espantar os espectadores com um domínio erudito de harmonias.

Seu inglês com sotaque francês carregado dava ainda um tom mais impreciso à interpretação. As músicas que embalaram cenas de cinema, como “Sur le Fil” e “Le Banquet”, ambas de *Amélie Poulain*, agora passavam por uma trituradora de desencanto.

A pior foto dessa série é a foto que fiz de Yann Tiersen num celular que, àquela altura, já estava tecnologicamente condenado, mas ela não poderia ficar de fora: foi uma noite magnífica.

Ritchie

Quando Ritchie cantou "Menina Veneno", naquela madrugada da Virada Cultural, o Largo do Arouche testemunhou um dos maiores corais humanos que a pauliceia já ouvira. Eu estava lá, e já tinha me esgoleado em outros hits dele, como "A Vida Tem Dessas Coisas" (Pra conversar/ Te convencer/ Te confessar/ Quero só você), no qual ele simula, lá pela metade da música, que canta num megafone. Ou então "Casanova" (Boa noite Rainha, como vai?/ Sou o seu coringa, o seu ás), "Voo de Coração" (No canto da sala/ O seu holograma/ Você parece sorrir) ou "Pelo Interfone" (Chamo por você, ninguém atende/ De repente uma luz acende).

Mas confesso que fiquei entre maravilhado e intrigado: como é que um cara, que foi um *hitmaker* tão poderoso quanto Ritchie, faz hoje, 30 anos depois de seu auge, um show ainda tão reconhecido, vigoroso e popular, mas tão marginal? Naquela noite do Largo do Arouche, os anos 1980 pareceram reviver na madrugada com Ritchie (e Marina Lima, que o precederia).

"Vou cantar agora uma música em minha língua nativa", anunciou Ritchie. E emocionou ao interpretar "Mercy Street", do Peter Gabriel. Ritchie estava mais velho, mas em formidável forma física. Seu pop me lembrava o sonho oitentista que tivemos um dia sobre fazer um pop planetário, que se equiparasse ao internacional. O que foram os anos 1980? Na minha memória, uma época de inocência e intuição, um tempo que passou ao largo do profissionalismo, mas que também não fez o elogio

da mulambice. Tinha uma ambição de *glamour*, mas eram anos que não queriam morrer entupidos de capital. Foi uma época interessante.

Claro, devo advertir que testemunhei os anos 1980 de um observatório não muito privilegiado: o de aspirante a cronista pop. Não tinha dinheiro, não tinha para onde correr, não tinha onde publicar. Mas me recordo perfeitamente que Ritchie, para a cartilha de nossa época, era alguém a ser desprezado, assim como Kid Abelha ou Sempre Livre ou coisas massivas do tipo. Não haveria lugar ali para debruçarmos nossa "nobreza crítica" Eu me lembro que Ritchie só foi notícia mesmo, nos chamados jornais "sérios", quando Caetano Veloso fez dueto com ele em "Shy Moon".

Era um preconceito típico de nossa época: só quem roçava o circuito da MPB universitária poderia ser considerado digno de nota. A gente se escorava num pretexto de fundo meio marxista: no Brasil, programas de TV como *O Cassino do Chacrinha*, Silvio Santos, Raul Gil, Gugu Liberato e outros contribuíam para disseminar uma ideia de uma música popular sob custódia, domesticada, massificada, obediente, manipulável. Como representantes do povo, cumpriria a nós defender o povo desse rebaixamento.

Em Ritchie, concentrava-se esse inimigo. Ainda assim, apesar do combate que lhe demos, ele foi um dos homens-trilha dos anos 1980. **Ritchie sempre cantou muito, uma voz pop perfeita.** Tinha um ar meio *rockabilly,* casaco e corte de cabelo de um mod rejeitado. Seus gestos de *overacting* dramático completavam o cenário. Nunca conseguiu acertar seu balanço com o da gíria carioca.

Richard David Court, o Ritchie, continua hoje sendo o mesmo inglês cavalheiresco que veio ao Rio em 1972 e nunca mais voltou ao seu país e que aprendeu a língua do pop radiofônico nacional, traduzindo-a em suave despreocupação que parece um som de lugar nenhum. Nos anos 1980, Ritchie chegou a vender mais discos do que Michael Jackson e Roberto Carlos no Brasil. Seu clássico álbum *Voo do Coração* (1983) vendeu mais de um milhão de cópias.

No saguão do aeroporto de Congonhas, alguns meses depois, reencontro Ritchie. Ele está quietinho numa fila inteira de bancos, de óculos escuros. Sozinho. Eu me aproximo e o cumprimento. Ele já esperava pela aproximação, todo cara como ele deve ter um radar para inoportunos.

Mas ele gosta do papo. Relembro o show na Virada Cultural. Ele me conta que foi um milagre ter conseguido terminar aquele show. "O cara da mesa de som ficou 10 minutos ali e quando olhei para o lado ele tinha desaparecido. Tinha ido checar outro equipamento. A gente fez um show inteiro sem retorno do som. Eles contratam uma mesma empresa para diversos shows, e aí o cara sai correndo de palco em palco", ele disse. Mas não era uma reclamação, **Ritchie parecia um monge zen ali na cadeira do aeroporto.**

Ele me disse, meio envergonhado, que pela primeira vez na vida entraria na fila dos idosos. "Acabo de completar 60 anos. Sei que não preciso disso ainda, mas quero experimentar, não estou fazendo nada contra a lei, estou?", perguntou.

Charlie

Tira a mãe preta do cerrado/ bota o rei congo no congado." Um músico de rua tocava o clássico brasileiro no calçadão de Waterfront, rico bairro portuário da Cidade do Cabo, "Aquarela do Brasil" soando como um impávido colosso numa guitarra de lata de cinco litros de óleo de automóvel Castrol GTX. Estávamos em abril de 2006. A cena parecia ilustrar os diálogos musicais que se ouviriam a partir daquela tarde no maior festival de jazz da África, o Cape Town International Jazz Festival, que dura dois dias e atrai a nata da música, tanto a do continente

Haden

quanto a que resultou de sua diáspora mundial.

Naquele festival na costela do mundo, eu veria a última apresentação de Miriam Makeba, uma lady da música. Ali, um jovem bluesman de Nova Orleans (Dan Pattlan) encontraria jovens africanos de Soweto (Kwani Experience) que flertam com o hip-hop. Eles eram observados ao longe por veneráveis veteranos como o baixista Charlie Haden, um dos últimos mitos do jazz em ação, o baixista preferido de Charles Mingus.

"Charlie Parker seria um dos músicos mais importantes da História, mesmo se tivesse nascido em Marte", diz Charlie Haden, caminhando pelos corredores do hotel em que se hospedam as estrelas do festival. **Haden começou a tocar ainda criança: era prodígio em programas de uma estação de rádio especializada em música country.** Mudou-se para Los Angeles e começou a tocar baixo com o Bley Trio, de Paul Bley – e que contava com a mulher deste, Carla Bley, com quem ele fundaria depois o grupo mais engajado do jazz, a Liberation Music Orchestra.

Nesse ponto da sua vida, ele conheceu Ornette Coleman, que passou a acompanhar a

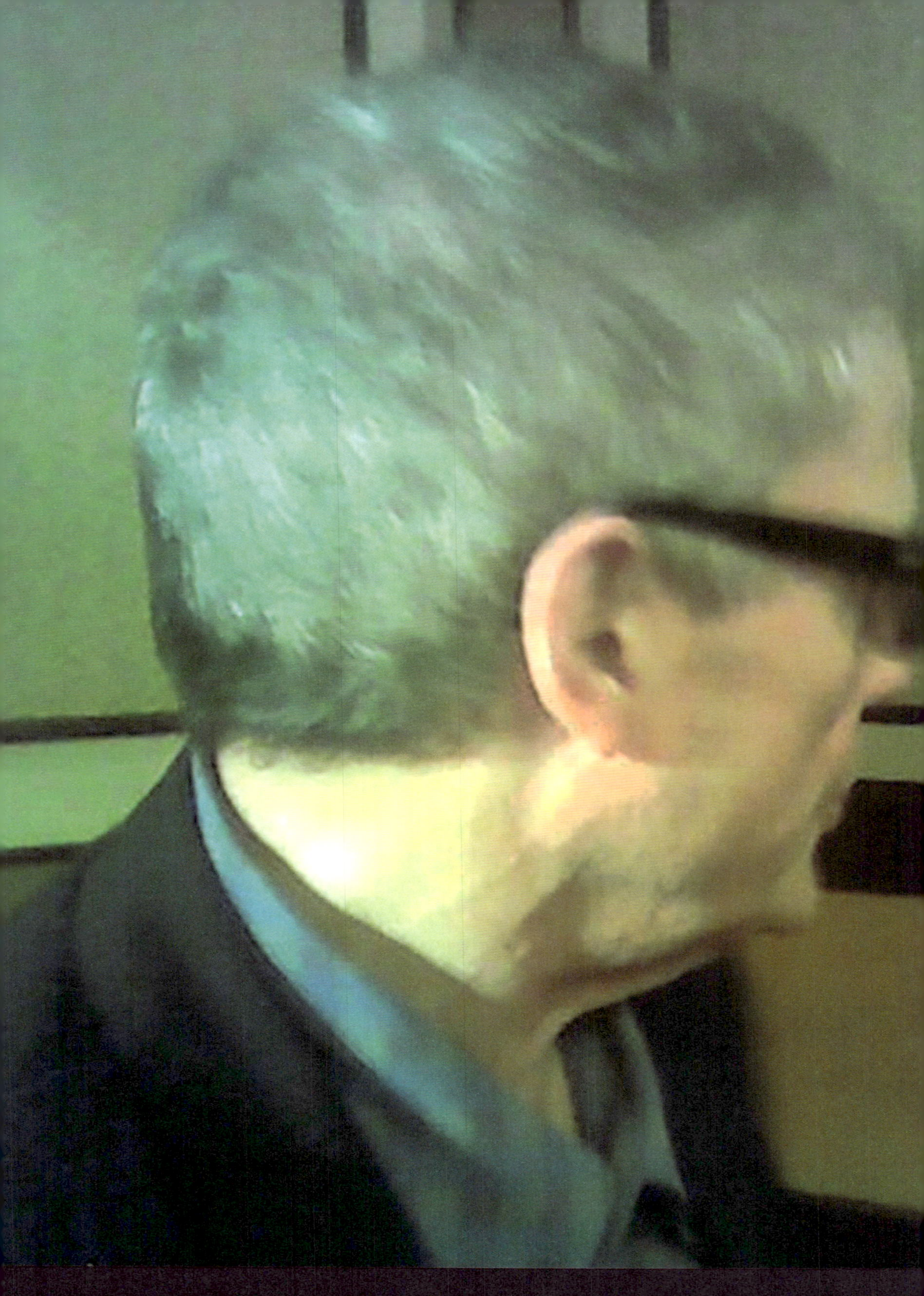

partir de 1959, como baixista. Em 1966, ele integrou a Jazz Composers' Orchestra Association, de Coleman. Em 1989, gravou "Silence", com Chet Baker, que morreria alguns meses depois. De ideias libertárias e esquerdistas, Haden chegou a ser preso em Portugal, após fazer um concerto pela independência das então colônias Angola, Moçambique e Guiné.

Naquele momento, Haden ainda não tinha se tornado tão esquivo quanto é hoje. Falava sobre quase tudo. Sobre política internacional, ele sempre foi incisivo. "Em busca de dinheiro, as grandes corporações perpetuam e glorificam a violência, o cinismo, a brutalizade e a insensatez. Nós estamos todos sofrendo cultural e espiritualmente com isso. Acredite em mim: muitos de nós nos Estados Unidos estamos extremamente infelizes com isso, tentanto existir fora da cultura mainstream", disse Haden em uma entrevista, para logo em seguida chamar minha atenção. "Mas você também usou o termo 'terceiro mundo'. Nós não aceitamos esses termos – 'primeiro, segundo, terceiro mundo'. Eles têm implicações de arrogância e racismo."

O som de Haden é de uma precisão absurda. Foi um dos inventores do *free jazz*, mas hoje parece aproximar a música erudita do jazz em suas apresentações. "Não considero a música em termos de superioridade, mas de significado", ele diz. Ele, Ron Carter e o inglês Dave Holland formam hoje uma espécie de tríade quase sagrada do contrabaixo acústico.

Os Rapazes de Cat Power

Como uma gata em teto de zinco quente, Cat Power anda pelo palco inventando gestos, inventando desconforto acústico, inventando uma dança que conspira contra a música (uma vai para lá, outra para cá). Quando apareceu, perfeccionista e esquisita, era como se tivesse surgido um João Gilberto de franja e rabo-de-cavalo (e bonitona). Nunca ninguém viu alguém saudar a plateia daquele jeito, semi-inclinado, com a perna para trás, a cabeça grudada no braço e o braço estendido para cima, num aceno desajeitado de toureiro.

Cat Power, nome de guerra da norte-americana Charlyn Marie 'Chan' Marshall, é a mais extremada das cantoras pop da atualidade. Ninguém mais tem aquele *ronrom* de gato na voz (parece que está cantando num desfiladeiro ou na curva de um rio). Ela surgiu cantando músicas que são amplamente conhecidas, mas que ninguém reconhece de imediato, porque ela as sequestra para si, como "Lost Someone" (James Brown), "Silver Stallion" (Lee Clayton), "Ramblin' Woman" (Hank Williams). Ou então, coisas do tempo em que, como ela disse, era apenas uma pirralha, como "Lord Help the Poor and Needy", da obscura cantora de blues Jessie Mae Hemphill.

A primeira vez que tivemos a chance de vê-la em seu esplendor foi no Auditório Ibirapuera, em 2007 – ela já tinha vindo antes, mas foi um show meteórico, pequeno e sem potência. De sapatos brancos, jeans muito justo e camisa larga com camiseta por baixo, ela abriu a noite com “Don’t Explain”, canção que Billie Holiday imortalizou em 1946. Ela sempre canta em lugares praticamente às escuras, com círculos de luz negra projetados no chão e casa sempre lotada, mas para plateias reverenciosamente silenciosas.

Cat Power era a estrela, mas me chamou bastante a atenção sua banda. Duas figuras pontificavam: Gregg Foreman, tecladista e guitarrista, e Jim White, baterista e também integrante da banda Dirty Three!. O som sulista, amarfanhado, um blues meio sujo, a respiração típica da soul music, os apelos do gospel, do folk, do rock. Mas, fundamentalmente, eles pareciam se portar como uma banda de jazz – a arte da interpretação, para Chan Marshall, consiste em acomodar a voz às reentrâncias do instrumental e a banda reage como um grupo acompanhando Miles Davis ou John Coltrane, sempre à disposição de seu líder.

Houve diversos momentos celestiais no show de Cat Power, difícil destacar um apenas. Foi rascante o jeito que ela passou de "Silver Stallion" (que cantou cavalgando pelo palco) para "New York New York", megahit de Frank Sinatra de 1977, no qual ela ignorou o DNA e fabricou outra versão. "Fortunate Son", de John Fogerty, e "Dark end of the Street", de James Carr, fizeram a velinha no teclado de Gregg Foreman virar uma labareda. "Metal Heart", dela mesma, com umas clarabóias de ventiladores projetadas no chão, ao estilo Coração Satânico, foi de arrepiar.

O show de Cat Power terminou, haveria ainda um intervalo antes de Antony and the Johnsons. Quando saí do Ibirapuera, encontrei Gregg Foreman e Jim White do lado de fora do auditório. Jim parece um figurante daquele antigo seriado Bonanza. Gregg é bem típico, poderia perfeitamente ser um desses novos publicitários tatuados que andam pela Vila Madalena. Estavam fumando para completar a noite. Trocamos olhares, eu nem cheguei a dizer nada. O que ia dizer? "Caramba, que caras de sorte vocês são, o tempo todo andando por aí com ela!" Empunhei a máquina e eles nem titubearam, apenas se posaram para a foto.

Gogol Bordello

Liderado pelo ucraniano Eugene Hutz, um expatriado que praticamente já domina a noite da Lapa, no Rio (ele possui uma casa em Ipanema), o Gogol Bordello já veio ao Brasil três vezes. **É uma farra cigana extraordinária**. Já os vi tocar em uma casa de shows na Vila Olímpia num dia em que metade de São Paulo sofria com um apagão.

Gogol Bordello é um combo multiétnico que coloca em cena justamente essa intenção, a de ser uma festa globalizada. Sua intenção manifesta é misturar The Clash com música dos balcãs, e insuflar todas as plateias a participar do ritual. É isso: é mais ritual do que música e o público compartilha essa intenção. Às vezes, essa disposição pode cansar, porque são poucos os que mantêm um pique desses hoje em dia.

Eugene Hutz, bebendo vinho no gargalo e seus comparsas poderiam competir em qualquer olimpíada de ginástica, pois são infatigáveis. Conduzem uma devassa sonora cujo efeito é similar ao de um Carnaval pernambucano – o vocalista adora o frevo, só para constar. O percussionista latino também rapeia e no meio do show vira um astro do *telecatch* com uma máscara de borracha. O violinista e o acordeonista solam como

se fossem integrantes de uma banda de heavy metal. Vaudeville, teatro mambembe, com mistura insólita de guitarrista heavy, violinista, acordeonista, vocais punks, go go dancers, percussão marcial, The Clash, Iggy Pop, Einsturzende Neubaten, música folclórica das estepes russas – e por aí segue a noite bordelliana.

Eu os conheci no ônibus de excursão que ocupavam em Chicago, na frente do Metro, onde tocariam em 2009. Hutz dormia, tive que esperar um bocado para falar com ele. Foi quando apareceu o violonista, Sergey Ryabtsev, erguendo as almofadas e olhando em baixo das mesinhas em busca de uma garrafa de vodca que tinha perdido. Nesse momento, fiz essa foto do Sergey.

No saguão da casa de shows, alguns integrantes da trupe gravitacional do Gogol Bordello vendiam camisetas com a inscrição "Immigrant Punk", que é mais ou menos a síntese do conceito filosófico de seu líder. Desterrados vagando pelo mundo, eles encontraram pelo caminho um país inteiro de exilados de todos os tipos, que vestem roupas semelhantes: colete sem camisa por baixo, faixas de pano amarradas na cintura e até o bigodão rivelliniano.

Hutz é um possesso do bem – tem um adesivo do Fluminense no corpo do violão. Mas também costuma colocar camisetas do Santos Futebol Clube nas duas sereias orientais que fazem vocais de apoio no seu grupo. Já foi ator em filme dirigido por Madonna em *Filth and Wisdom* (2008), além de ele e Sergey já terem tocado com ela em um set de apoio – a canção era "La isla bonita" no Live Earth, em 2007. "Querem que a gente pense que *rock'n'roll* é uma coisa estúpida, feita por caras que jogam TVs pela janela de hotéis. Querem que a gente pense que somos fracos. Mas nós não somos fracos, não somos estúpidos", me disse Hutz.

Jimmy Cobb

Nos 55 minutos e 16 segundos do disco *Kind of Blue* (1959), nada está fora do lugar. Cada elemento, a introdução do baixo em "So What", o solo de Coltrane em "Blue in Green" – tudo é exato. Até a ordem das músicas é perfeita. Contém pelo menos três baladas impecáveis: "Blue in Green", "All Blues" e "So What" E outras músicas de uma vibração interna incomparável, como "Freddie Freeloader" e "Flamenco Sketches"

O álbum é o mais popular da história do jazz e o único a figurar entre Beatles, *Rolling Stones,* Bob Dylan e outros ícones do rock no topo da lista dos 500 maiores discos da revista Rolling Stone. Estima-se que tenha vendido mais de quatro milhões de cópias, o que é um espanto para um álbum de jazz. Até hoje vende em média cinco mil cópias toda semana, segundo estima o escritor Ashley Kahn, autor do livro *Kind of Blue: A História da Obra-Prima de Miles Davis* (Barracuda, 2007)."Se estiver saindo de férias e puder levar só uns três ou quatro discos, *Kind of Blue* será o disco um e o dois", disse uma vez o lendário baterista Elvin Jones.

Só um dos homens que tocou naquele disco está vivo até hoje: o baterista Jimmy Cobb. Quando o disco completou 50 anos, em 2009, ele resolveu reunir uma banda *all stars* para tocá-lo inteirinho no palco mais uma vez. Convocou Wallace Roney (no "papel" de Miles Davis), Javon Jackson (no de Cannonball Adderley), Vincent Herring (no de John Coltrane), Buster Williams (baixo, no lugar de Paul Chambers) e Larry Willis (no piano de Bill Evans).

Um sétimo homem participou das gravações: Wynton Kelly, pianista jamaicano, morto em 1971. Mais chegado ao *swing,* ele tocou na primeira música gravada, 'Freddie Freeloader'. "Para Miles e para mim, eram apenas grandes caras tocando alguma música nova. Não era nada de extraordinário. O conceito de gravar um disco era diferente do que é hoje", explicou Cobb, de bonezinho e rabinho de cavalo, recostado numa coluna do hipódromo de New Orleans, falando sobre o mitológico álbum.

"Miles entendia que menos era mais. O mais impressionante sobre aquele disco é que, se você quer analisar algo, não há muito que analisar. São apenas alguns acordes. "Freddie Freeloader' não tem mais do que cinco notas", disse o pianista Larry Willis. Não é exatamente verdade. O disco é revolucionário por diversos motivos. Contém claras referências à música impressionista francesa, por exemplo, e compositores que Bill Evans, então um jovem de 25 anos, apresentou a Miles, como Maurice Ravel e Béla Bartók. A chave, segundo os especialistas, estava na grande capacidade arregimentadora de Miles Davis, no faro para colocar os homens certos no lugar certo.

"Miles fazia coisas assim. Às vezes, levava John Coltrane e Sonny Rollins ao mesmo tempo a um estúdio", contou Cobb. Naquela época, "Coltrane era o mais assustador" de todos, julga. "Nós éramos como velhos amigos, sabe? Miles e nós", diz Jimmy Cobb, que não tem por hábito glamourizar nem dourar demais a pílula. Quando lhe perguntei como é que uma obra tão espontânea, gravada em apenas duas sessões, um trabalho (em tese) pouco burilado, pouco esmerilhado, se tornou eterno. Ele apenas sorriu. Penso que acha imprudente responder.

Mesmo com todo o sucesso do disco, Miles Davis permaneceu incansável nas suas explorações musicais. Foi um dos primeiros jazzistas a flertar, na década de 1970, com o rock – após descobrir o revolucionário Jimi Hendrix – e o funk. **Ele flertou também com o rap, a eletrônica e o pop, gravou Michael Jackson e foi fiel à busca pelo novo até a morte.** Nem sempre foi bem sucedido em sua busca, mas também nunca se deixou estagnar, como poça de água após uma enxurrada.

Em 2009, a visita que Jimmy Cobb fez ao disco que lhe assegurou a eternidade foi um acontecimento quando chegou a Moema, no antigo Palace (Citibank Hall, etc e tal). Aos 80 anos, vestindo suspensórios e boné, Cobb mostrou que não está mais para extravagâncias. Só fez dois solos mais enérgicos na noite. Deixou o papel de bandleader para o trompetista Wallace Roney, que, contrariamente à sua disposição tradicional (ele se acha a própria encarnação de Miles), sorriu muito na noite. Era Roney quem dava a abertura para as entradas dos dois saxofonistas, Vincent Herring e Javon Jackson. Era seu trompete que marcava o ritmo na noite – especialmente extrovertida do pianista Larry Willis.

Eles iniciaram com uma versão mais acelerada de "So What" e Wallace Roney arrepiou com seus solos nas duas grandes baladas do disco, "Green in Blue" e "All Blues" O baixo de Buster Williams é a discrição total e achei que Vincent Herring (o "dublê" de John Coltrane) tocava um pouco longe do microfone, de modo que seus solos perdiam um pouco. O grupo foi muito aplaudido ao final e a plateia não arredou pé até que voltassem para um bis. Que noite, amigos!

Dr. Lonnie

Taças, garrafas, amendoins, baldinhos de gelo, canetas. Parecia que tudo que estava em cima das mesas do velho Citibank Hall, naquela noite de junho de 2008, estava dançando. No centro da ação, atrás de um órgão vintage, que parecia um púlpito, estava um sorridente senhor de barbas brancas, turbante e roupas de hindu, o astro da noite. Era o Dr. Lonnie Smith, norte-americano de Buffalo, Nova York.

Sabíamos o que ele já tinha feito na vida, mas nunca o conhecemos pessoalmente. Tudo parecia ir se aclarando conforme Smith martelava o seu órgão Hammond B3. Ele trata o órgão como B.B. King trata Lucille – com intimidade e doçura. Ele ganhou sue primeiro instrumento do tipo quando tinha 20 anos. Durante a noitada, Lonnie Smith

Smith

nem sempre colou no teclado: teve um momento em que passou a tocar com os dedos no ar, como um mágico de gibi e ainda assim as pessoas continuavam acompanhando com as cabeças e os ombros.

Aos 70 anos, Lonnie Smith é uma lenda da música, porém não percorreu os caminhos dos tapetes vermelhos e dos camarins estrelados. É excêntrico não só na figura, pois ele passou quase batido pela aclamação crítica em sua fase mais visionária, nos anos 1960 e 1970. Foi redescoberto quando o mundo passou a fazer a revisão da música híbrida que viria a dar no acid jazz, nos anos 1990. Ele estivera à frente do seu tempo.

Ao final da jornada daquela noite no antigo Citibank Hall, a reverência à plateia daqueles três homens, o Soul Jazz Trio do Dr. Smith – aquele agradecimento encurvado ali na beirada do palco – transformara-se em uma chave de libertação. Com temas próprios ou em recombinações de músicas muito populares, eles mostraram a emancipação do ritmo.

O trio fez paródias de canções ultraconhecidas, como em "Misty" (de Johnny Mathis e Lonnie Mattress; 1959) e debochou em cima de "You're the Sunshine of My Life" (1973), com imitação de Stevie Wonder, ou "You Sure Look Good to Me" (de loonie Gasperini; 2009). É quando Dr. Lonnie

Smith parece entrar em transe, endoidece e toca com a língua nos teclados, com as mãos nos pedais e na madeira do instrumento. Seu órgão passa do sarro à revolução, tornando-se um equivalente da guitarra incendiária que Jimi Hendrix empunhou em Woodstock.

Para sequestrar de forma irrefutável o espectador, Smith, então, redesenhou ao vivo um clássico do pop mundial: "Come Together" (1969), dos The Beatles. Tocou a música usando a voz como uma caixa de percussão, um *beatbox* cheio de ginga e tempero como fazem os MCs do rap.

A figura de cartoon de Dr. Lonnie Smith, logo descobrimos, esconde um senso de humor desabrido e refinada ironia. O Soul Jazz Trio é de outro mundo. Herlin Riley, o baterista que tocou com um palito de dentes rolando na boca, tem seu próprio quinteto, com o qual excursiona e grava discos. Em 2006, lançou o álbum *Cream of the Crescent,* com Wynton Marsalis. Já o guitarrista Gregory Allan, que pouca gente conhece, assume-se com uma espécie de escudeiro de Smith, um Billy Cox à serviço do gênio.

Por que Dr. Lonnie Smith nos deixa tão felizes e intrigados com o encadeamento natural de sua música, ao mesmo tempo tão engrenada e orgiástica? Por que tudo tem groove, balanço, é uma música curvilínea, acariciante. Mas não é o caso de se quebrar a cabeça buscando explicação: é pura simplicidade. Ao contrário da tradição do jazz, de onde provém, Smith prescinde de solos individuais. Todos os músicos solam ao mesmo tempo, o que faz desse gênero inventado por Smith um dos mais generosos. Todos os solos são simultâneos e nenhum se sobrepõe ao outro. É a realização *funky* de uma utopia artística. Reverenciamos esse tipo de subversivo porque ele nos faz imaginar o futuro.

No funeral de Michael Jackson

Atravesso o portal com detectores e raios-X com o rosto suado – medo de ter sido identificado como intruso. Carrego a culpa evidente dos penetras, embora não possa ser exatamente identificado como um. Afinal, eu tenho o convite. O detector de metais apita duas vezes comigo, aí eu voltoe esqueço malandramente a mochila com a câmera do lado de dentro. As câmeras estão terminantemente proibidas. Deixam-me passar, finalmente, e o alívio é tão grande quanto a vontade de chegar rápido à minha cadeira na pista do ginásio.

Assim que recolho a mochila do chão, ergo o rosto e dou de cara com o pastor Jesse Jackson. Ele sorri de um jeito que faz passar o terror. Eu lhe peço uma foto, como se suplicasse por uma trégua. Ele permite. Há duas mulheres com ele, uma de cada lado. Elas usam grandes chapéus e todos estão de preto. A mulher mais perto de Jackson não sorri: ela me fuzila com o olhar. Somente muito mais tarde eu descobriria que ela era LaToya Jackson, a irmã do defunto que velado no Staples Center de Los Angeles. LaToya Jackson tinha um olhar de onça encurralada, aquele olhar que é mais perigoso para quem encurrala do que para o bicho.

Aquele encontro tenso ficou marcado para mim. Naquele julho de 2009, presenciei o funeral-show do rei do pop na área reservada aos familiares, amigos e pessoas íntimas do cantor. Mike Tyson estava logo ali. Mickey Rooney passou bem perto da minha orelha. Jesse Jackson sorriu para mim e até posou para uma foto.

Como consegui entrar até ali? Chamem de sorte, de rabo, de intervenção divina. Até os 45 minutos do segundo tempo, eu e Sérgio Dávila (amigo, e jornalista que também cobriu a doideira) vagávamos como os zumbis de "Thriller" (1982) pelas imediações do local. Ainda não tínhamos porque pensar que entraríamos no Staples Center. Deram pra gente (como para toda a imprensa) credenciais para a área de acesso ao ginásio, na calçada e não havia como entrar. Não tinha jeito, era necessário ter o ingresso e uma pulseira dourada e eu tinha a pulseira azul, que apenas nos identificava como "inimigos públicos", os caras a serem barrados.

Foi aí que vi Steve Manning saindo da garagem, amigo de 40 anos da família Jackson – ou seja, amigo de infância do cantor –, esgueirando-se em direção às portas com detectores de metais. Não que eu conhecesse Manning pessoalmente, é claro que não o reconheceria nem se tocasse minha campainha. Mas, quando fui apanhado no meio naquela loucura que tinha sido a morte súbita de Michael Jackson, eu estava em Miami, numa festa de inauguração.

Tomava champanha e fui deslocado para Los Angeles, emergencialmente. Passei a ver Steve Manning. Não o conhecia, obviamente, mas tinha visto uma entrevista sua na noite anterior na *CNN* – sou bom fisionomista.

O cara me pareceu boa gente na televisão. Apressamos o passo quando vimos Steve se dirigindo para a área de entrada dos familiares. Chamamos e ele parou para dar entrevista.

"Michael amava o Brasil. Muito. Ele sempre queria voltar ao seu país", disse, ultrasimpático. Conversamos mais um pouco e ele apressou o passo. Tinha de entrar. Mas daí ele parou, voltou o rosto para mim e me perguntou: "Vocês gostariam de entrar?" Quase caí de costas. Era muita sorte. "Claro!", disparei.

"Então, venham comigo", disse Manning. Ele nos deu dois *tickets,* que eram o seu próprio e o de um amigo (ele não precisava, entrava pela portinha reservada aos familiares). Foi aí que fomos para a porta com detector de metais. Steve ainda me pediu: "Hey, depois me devolvam os *tickets* porque preciso deles" O problema é que nunca mais eu veria Steve, mas guardo os tickets para ele se um dia ler isso.

Conforme os funcionários do Staples Center nos encaminhavam para o centro da quadra, ficava ainda mais inacreditável a nossa sorte – era uma área reservadíssima e vimos quando passou o caixão dourado de Michael Jackson pelo corredor. Ninguém nunca soube se o corpo estava lá dentro mesmo, pois estava lacrado.

Eu, que detesto Mariah Carey, me peguei com um nó na garganta quando ela começou a cantar "I'll Be There" (1970), com o Trey Lopez na segunda voz. Quando a Brooke Shields chorou, minha porção Lagoa Azul virou cascata verde – e eu cafunguei em silêncio. Até então, minha especialidade era chorar em casamentos, não em funerais.

O problema era a parafernália. Além da câmera, eu carregava *laptop* e celular na mochila. **Cada vez que eu tirava uma foto, as pessoas em volta me olhavam feio. Com razão. Era um funeral, *after all*.** Eu me sentia um monstro e a coisa ficou ainda pior no final de tudo, quando o irmão de Michael, Jermaine, discursou, fitando o caixão: **"Quem sabe agora eles deixam você em paz!"**

Infelizmente, pela natureza canibal dessa nossa profissão, nem agora nós o deixaríamos em paz. Ainda era hora de descobrir o que seria feito do corpo de Michael Jackson, o rei do pop. E do seu imenso legado.

Roberto Piva

Quem me apresentou Roberto Piva, tardiamente, foi um amigo. Piva sofria mal de Parkinson e gostava de fazer passeios pelos últimos refúgios silvestres das imediações de sua casa em Santa Cecília. Nós o levamos para almoçar num restaurante em Piedade.

Eu só sabia da sua poesia e da sua inadequação social. Não tinha intenção de se enquadrar e sua trajetória configura um motim de um homem só contra o resto do mundo. *Paranoia* (1963), escrito por Piva aos 23 anos, é o grande livro de poesia e ele foi o grande poeta da metrópole. É música para os meus ouvidos. É um retrato de São Paulo como poucos ousaram fazer. É um chamamento para o bom combate. É um desafio para que se dê à palavra um *status* de essencialidade e poder de contágio. Piva o publicou em 1963.

"Maldoror em taças de maré alta
na rua São Luís o meu coração mastiga um trecho da minha vida
a cidade com chaminés crescendo, anjos engraxates com sua gíria feroz
na plena alegria das praças, meninas esfarrapadas definitivamente fantásticas
há uma floresta de cobras verdes nos olhos do meu amigo
a lua não se apoia em nada
eu não me apoio em nada"

Naquela tarde, no restaurante Ronco do Bugio, proibido de consumir quase tudo, Piva se animou com o vinho chileno feito com uvas que continham revesratrol, um antioxidante que ajudava a combater o mal de Parkinson, segundo os médicos. Tomamos uma garrafa inteira e ele quis tomar mais meia garrafa.

Suas opiniões, às vezes, eram tão reacionárias que poderiam assustar uma pessoa de bem. Dizia-se favorável ao restabelecimento do Império. Mas não nos assustava com seus blefes – ele valia a pena. Odiava a esquerda, chamava todos de "uísquerdistas"

Paranoia tem um efeito meio alucinógeno, é um livro que inocula imagens na mente da gente a todo instante. Nenhum verso é vulgar, nenhuma imagem é estranha – e ainda assim, todas são surpreendentes.

"Na vitrina onde almas coloridas tinham 10% de desconto enquanto costureiros arrancavam os ovários dos manequins."

"Terraços ornados com samambaias e suicídios."

"Brasas nas bundas dos loucos."

"Loucas distribuindo bombons aos meninos pobres."

"As galerias do meu crânio não odeiam mais a batucada dos ossos."

"Minha alma desconjuntada passa rodando."

Cultivava uma notável independência de escolas, patotas e panelinhas. Em entrevista publicada pela *Folha de S.Paulo*, em 1983, vociferava contra a cultura oficial: "A maioria do que você chama de 'mandarins bem-pensantes da cultura' não passa de um bando de galinhas assustadas. Eles tentam fazer pressão sobre minhas assumidas irregularidades de comportamento como forma de me enquadrar. Se eu me enquadrasse, eu ganharia página inteira na imprensa conformista. Eles gostariam que eu me calasse sobre tudo, mas eu não me calo sobre nada. Para essa canalha, o meu pecado é ser poeta e intelectual na total insubordinação."

Fiz algumas fotos dele, quase todas em torno de uma taça de vinho. Só essa aqui nessa página foi feita durante uma palestra na Casa das Rosas, na capital paulista, em 2007. Piva eletrificava o ar com suas palavras, com seu domínio do verbo e da tensão do verbo. Os garotos aprendiam com ele. O poeta morreu em julho de 2010, aos 72 anos, em São Paulo, com falência múltipla dos órgãos decorrente de uma insuficiência renal.

No instante em que ele morreu, eu estava em um festival de rock em Roskilde, na Dinamarca, atolado até os joelhos na lama, ouvindo

Björk e The Who, quando ligaram no celular. "Poderia fazer um texto correndo para o fechamento?" Eu tive medo de não estar à altura da tarefa.

Escrevi o óbvio. Que Piva, muito ligado ao que classificava como "mistérios" da vida, era ligado ao xamanismo, à umbanda, à cosmogonia indígena. Que podia ser virulento e doce, mas nunca desatento. "Não devemos excluir autoritariamente, como censor barato, nem os que se dizem marginais e não são, e nem os que pensam que são marginais e são escriturários." A chuva fria da Dinamarca lavava meus ossos moídos enquanto os restos de Piva eram cremados na Vila Alpina.

Brad Mehldau

Quieto, quase frio e indiferente, o pianista Brad Mehldau apareceu em Sâo Paulo, pela primeira vez, em 2000. Já vinha precedido de certa fama. Tocou no Teatro Alfa para um público muito atento e ligeiramente *fancy*, metido.

Dois anos depois, já estava de volta com uma reputação maior do que sua vontade de ser importunado. Nós o vimos no Bourbon Street Music Club, em Moema, com o mesmo trio que o acompanhava havia sete anos: Larry Grenadier (baixo) e Jorge Rossy (bateria).

Sua abordagem era ainda mais interna e cerebral que nunca. "Quero que a platéia tenha uma experiência emocional, porque para mim é uma catarse ouvir música. Mas o componente intelectual é muito importante também. Às vezes, as pessoas não têm idéia de que o intelecto pode ser esteticamente prazeroso. A platéia, eu acho, pode ter diante de si essa escolha: um engajamento emocional e uma experiência intelectual. Geralmente tento oferecer ambos. Há canções que têm um forte sentimento que não precisa de demasiada

ixa Automático

explicação e há outras – principalmente minhas próprias composições – que têm uma qualidade mais discursiva. Quero sempre que o público se divirta com o que faço e não acredito em ninguém que diz que não se importa com o que a platéia pensa. **Mas, ao mesmo tempo, é importante ter como verdade absoluta uma visão própria da música"**

Quando eu estava saindo do Bourbon Street ele estava entrando na van na lateral da casa de shows. Eu tinha tomado vinho e berrei. "Que concerto fodido, Brad!" Ele sorriu, disse "obrigado" meio corado e entrou no carro, sumindo na noite de Moema.

Mais alguns poucos anos e ele estava de volta. Sua reputação crescia: ele lotava os lugares quando os ingressos mal tinham começado a serem vendidos. Para cerca de 800 pessoas, no Auditório do Ibirapuera cheio de gente muito jovem, boa parte atraída pela promessa de que ele tocaria Radiohead e Nick Drake (e ele tocou) ou o grunge Soundgarden (uma vez ele tocou "Black Hole Sun", de 1994), ele repassou 10 canções, nenhuma delas imediatamente reconhecível.

Tocou inicialmente três temas próprios, "Untitled" (2008), "Turtle Town" (2006) e "Artis" (2006). A primeira peça é quase um tributo ao abstracionismo pollockiano, com os três músicos criando dimensões diferentes em cada trecho, como se tocassem em três shows diferentes e que talvez nunca fossem se encontrar. Mas, afinal, se encontraram e não é como esperamos, mas de maneira inconstante, imprevisível, complexa.

Foi quando tocou pela primeira vez no Brasil a música "O Que Será" (1976), de Chico Buarque. Versão acachapante, toda cerzida pelo baixo de Larry Grenadier. **A melodia, nas mãos de Mehldau, começou rígida e convicta, para então ir se desmanchando, como**

um osso depositado num copo de Coca-cola. É samba, é bossa e é hard bop. Desvanece-se, passa a integrar outros corpos, abrindo-se como uma obra em progresso, à revelia do compositor. Nessa ocasião, ele me disse que era um grande admirador dos arranjos de Francis Hime.

Curioso notar que é nessa tarefa de desossar composições de outros compositores que Mehldau cria as melhores paisagens sonoras. Em "Knives Out" (2001), do Radiohead, e em "River Man" (1969), de Nick Drake, o rapaz compungido que acaricia as teclas do piano com os olhos fechados nos transporta para um mundo de pura criação e deleite. Ele não é demagógico, é exigente, faz seu ouvinte usar a cabeça.

Fui reencontrá-lo de novo há alguns dia, já em 2013, num festival de jazz lá para os lados de Santo Amaro. Ele está ainda melhor, e ainda mais esquisito. Tocou Chico Buarque de novo. Tocou The Beatles. Nenhum deles da forma como estamos acostumados. Ao término do seu show, fui buscar algo para beber no saguão e não é que o reencontrei? Lá estava Mehldau, "O Terrível", posando para fotos com os fãs, escrevendo coisas em discos, dedicatórias incompreensíveis, sorrindo e deixando-se tietar.

Lelé

Lelé era o nome de um meia direita do Vasco lá pelos idos de 1947, 1948. Já João Filgueiras era um garoto magricela do juvenil do mesmo clube, que jogava na mesma posição e acabou herdando o apelido do titular.

Foi assim que João Filgueiras Lima, um dos maiores mestres da arquitetura brasileira, virou simplesmente Lelé. Ele é um profissional que tem se empenhado, ao longo da vida, a demonstrar que, na arquitetura, materiais pré-fabricados e artefatos industriais podem servir à plasticidade e à criatividade humanas.

Sua reputação é reconhecida mundialmente. Foi escolhido o melhor arquiteto da América Latina na 9ª Bienal de Arquitetura de Buenos Aires, teve sala especial na Bienal de São Paulo (2000), além de ter representado o Brasil na 7.ª Bienal de Arquitetura de Veneza.

Lelé, carioca do Encantado, de 81 anos (embora seja cidadão baiano de coração), veio a São Paulo para receber o Prêmio Pini, de 2008. Estava sentado numa cadeira sozinho, esperando ser chamado. A cadeira ao lado dele estava vazia. Então, me sentei lá para conversar com ele.

O arquiteto se viu obrigado a relembrar o jogador de futebol que lhe deu o apelido. "Ele jogava bem, eu jogava mal. Eu era um perna-de-pau", confidenciou. Falou também sobre época em que se ofereceu a Oscar

Niemeyer como voluntário para a construção de Brasília. "Não foi difícil", conta. "Carioca tinha horror à idéia de ir para Brasília. Tinha de pegar voluntário a laço."

Jovem arquiteto que enxergou ali a oportunidade, foi o primeiro a chegar à nova capital federal. Nem alojamento para os trabalhadores existia. Lelé fazia uma função parecida com a de engenheiro de obra e foi o encarregado de construir as instalações para os operários. Chegava a entrar em buracos de 30 metros de profundidade.

"Lembro-me, com saudades, daqueles tempos em que na Nova Capital juntos vivemos, do trabalho a nos ocupar dia e noite e nós a resistir à solidão implacável, rindo, abraçados como se a vida fosse apenas um passeio", escreveu Oscar Niemeyer, referindo-se àquela turminha.

Lelé conta que tocava acordeão em boates e levava uma vida de boêmio quando um amigo o convenceu – por conta das boas caricaturas que fazia – a prestar vestibular para a Escola de Belas Artes do Rio de Janeiro. Não tinha a menor convicção de se tornar arquiteto. "Acho que essa coisa de arquiteto foi uma casualidade em minha vida, um acidente, como outros acidentes." Depois das obras

de Brasília, tornou-se auxiliar de Darcy Ribeiro, então reitor da Universidade de Brasília e passou a coordenar os cursos de graduação da UnB. Com o recrudescimento do regime militar no governo Médici, foi afastado da universidade.

Nos últimos anos, Lelé passou a atuar quase que exclusivamente como coordenador técnico da parte física da Rede Sarah de hospitais, especializados na reabilitação de pessoas com problemas físico-motores. O arquiteto dedica quase todo seu esforço criativo ao desenvolvimento de sistemas construtivos que tornem a rede hospitalar mais funcional, eficiente, econômica e segura no tratamento de moléstias. São hospitais considerados revolucionários.

Mas, de vez em quando, Lelé também se volta para a questão básica da moradia humana e projeta residências. Belíssimas, por sinal. "São coisas que faço para amigos, geralmente", diz, modesto.

"Faço prédio também, produzo para prefeituras, coisas como passarelas. Fiz oito prédios para o Tribunal de Contas da União, mas em um convênio. A Rede Sarah trabalha com convênios. Só não consigo fazer isso de forma sistemática, porque tenho muito trabalho nos hospitais."

Ele é um dos notáveis de uma geração que se vai. **Continua ali na sua Bahia, olhando o mundo com olho clínico.** Segundo Lelé, a arquitetura faraônica cheia de pastiches como a de Dubai deve ser evitada. "Evidentemente eles fazem aquilo porque eles têm muito dinheiro para gastar. Eu diria que esses edifícios são proezas arquitetônicas. Há proezas bonitas e feias. É preciso separar o joio do trigo. O Guggenheim de Bilbao é uma proeza feita pelo Frank Gehry, que tem uma obra arquitetônica que vai ficar."

Levon

Aos 70 anos, Levon Helm parecia ter uns 20 a mais. Mas tinha o corpo frágil de um garotinho e camadas infinitas de sulcos no rosto. Os olhos azuis alternavam euforia e recolhimento, enquanto espancava violentamente a bateria com uma luva preta na mão esquerda. Helm conduzia tudo no palco como um bandleader e sua voz soava como testemunha de tempos heroicos.

Devastado por um câncer na garganta, o lendário fundador do grupo Levon and The Hawks (que se tornaria mais à frente o The Band) continuava lutando em cena, firme e fazendo os dentes rangerem. Eu não tinha noção, mas ele só viveria pouco mais de um ano depois daquela apresentação que eu testemunhava em New Orleans.

Nos anos 1960, quando Bob Dylan decidiu eletrificar o folk, chamou Levon Helm e sua banda para juntarem-se a ele (o grupo que tinha ainda o guitarrista Robbie Robertson, o baixista Rick Danko, o pianista Richard Manuel e o organista Garth Hudson). Segundo contam, foi Mary Martin, uma secretária, quem teve a ideia de juntá-los.

Helm

Ela sabia que Dylan estava procurando por uma banda elétrica. "Ela conhecia todas as bandas e cantores do Canadá e ficou empurrando esses caras para mim", contou Dylan.

Levon Helm era o único americano da tal banda, The Hawks, que acompanhava Ronnie Hawkins – deixado para trás em 1964. Após dois shows com Helm e Robertson acompanhando Dylan, o bardo ficou tão impressionado que foi até Toronto para conhecer o resto do grupo. Eles tocavam num lugar chamado Tony Marts.

Filho de um fazendeiro do Arkansas, Mark Lavon Helm dizia que era parte índio chikasaw e parte branco e que sua formação consistia em misturar bluegrass, blues do Delta do Mississippi, country e *rock'n'roll* primitivo. Era essa sua contribuição, além de uma batida elegante e econômica, apesar de vigorosa.

Ele saiu do grupo em novembro de 1965 e foi substituído por Mickey Jones, mas voltaria dois anos depois. Suas performances na bateria do grupo, como o concerto-tributo a Woody Guthrie em 1968, em Nova York, e o festival da Ilha de Wight, em agosto de 1969, tornaram-se lendários. Tanto que o jornal New York Times o colocou no alto da primeira página no dia em que morreu, 19 de abril de 2012. Eu guardei dele aquele homem brandindo baquetas dentro de um corpo de menino.

Abdias do Nascimento

Em uma única semana, em maio de 2011, morreram Gil Scott-Heron e Abdias do Nascimento. Scott-Heron, poeta, escritor e precursor do rap, morreu em sua casa no Harlem, Nova York, aos 62 anos. Abdias morreu num hospital do Rio de Janeiro, aos 97 anos. É possível afirmar que, sem Scott-Heron e Abdias do Nascimento, nossa era teria transcorrido com menos coragem, combatividade e antevisão. E seria muito mais insincera. Ambos foram ativistas da liberdade.

Não conheci Heron, mas encontrei brevemente o professor Abdias do Nascimento, em 2007, na Cinemateca Brasileira. Era convidado da Mostra Internacional do Cinema Negro. Escritor, ex-senador, dramaturgo, ensaísta, agitador cultural. Fui falar com ele e ele se disse velho e cansado, mas Gilberto Gil chegava por ali na hora e lhe passou um pito carinhoso: "Minha mãe (Dona Claudina) teve catarata, não enxerga muito bem, mas está ótima. Já o Caetano fica boquiaberto com Dona Canô: não é só o físico que está ótimo, mas também o psicológico, o intelectual. Não tem isso de velho", discursou o, então, Ministro da Cultura. Depois de ouvir toda essa argumentação, Abdias Nascimento berrou ali mesmo no hall da Cinemateca: **"Eu sou lindo!" E continou: "É pena que ele (Gil) está ameaçando deixar o ministério. Quer só cantar. Isso é muito bonito, mas o mais difícil é o desafio de mudar o que está aí. Fica, ministro!"**, pediu Abdias em seu discurso. Gil, como sabemos, acabou ficando.

Abdias do Nascimento foi criador do Teatro Experimental do Negro e colaborador de Paschoal Carlos Magno, nas décadas de 1940 e 1950. De dezembro de 1948 a julho de 1950, editou o jornal *Quilombo.* Lecionou nos Estados Unidos, na New York University e na Yale School of Drama, e foi interlocutor dos mais famosos ativistas do movimento negro na América. Trouxe essa militância para o Brasil, inspirando os negros daqui a se sublevarem contra o preconceito, o racismo e a lutar por igualdade de direitos.

Ambos, Abdias e Gil Scott-Heron, foram mestres da palavra. E usaram a palavra como um aríete de sua vontade. Ambos negros, militantes e guerreiros, poetas e líderes. Os dois levaram bordoadas por causa de suas posições, mas não conseguiram quebrá-los.

Abdias começou a se insurgir muito cedo. No início dos anos 1940, em Buenos Aires, assistiu à peça *O Imperador Jones* (1920), de Eugene O'Neill, cujo protagonista negro era vivido por um branco maquiado. Iniciou um movimento para criar um teatro que valorizasse os artistas negros brasileiros. De volta ao Brasil após um período estudando no Teatro del Pueblo, começou sua via crúcis: foi preso e conduzido ao Carandiru, por subversão. Na prisão, criaria o Teatro do Sentenciado.

Conheci Abdias do Nascimento já numa cadeira de rodas, vestido com as roupas, as armas e o orgulho de Jorge. Agitava o seu cajado pelo ar, parecia ouvir vozes de outras eras. Numa terra em que ainda não se via nos rostos o orgulho de ser livre, Abdias já desfrutava dele havia mais de 90 anos.

Banda Gloria

Havia umas 100 mil pessoas à espera, gente que passou três dias acampada na chuva para ver o Metallica. Gente que não parecia disposta a tolerar algo que escapasse à sua idealização sonora e sociopolítica. "Emo é tudo igual", bradava um sujeito com a camiseta do Motörhead na fila do quiosque do Bob's. **"Tem mais é que foder esses viadinhos", berrava um bombadão na fila da tirolesa.**

Estava um clima de linchamento total. Estava tenso. Lembrava aquela tarde em que Carlinhos Brown quase foi varrido do mapa por uma chuva de garrafas quando tentava cantar no Rock in Rio, em 2001.

Quem vivia essa situação era a banda novata Gloria, de São Paulo, escalada para abrir shows de Metallica e Motörhead no Rock in Rio 2011. O que tinha empurrado uma banda praticamente desconhecida para a função de boi de piranha de um megagrupo como o Metallica? Quem os tinha jogado à frente de 100 mil pessoas para ver se sairiam vivos dali? Bom, sua própria sede de glória, provavelmente. Como recusar essa chance?

Até uns cinco anos antes eles pegavam busão na periferia de São Paulo para ir à Galeria do Rock ouvir os discos dos caras que os inspiravam (justamente os grupos que os sucederiam, Slipknot, Metallica, Motörhead).

Os garotos do Gloria gostariam de ter um tempo para discutir o rótulo de "emo" com o cara na plateia. Discordavam veementemente dele. "Existe uma diferença, NX Zero não é igual ao Fresno, que não é igual ao Gloria, que não é igual ao Restart e todo mundo acaba associando as bandas da mesma geração e acham que é tudo igual", disseram.

Mas agora era tarde, não teriam tempo de discutir isso nem implorando: o julgamento da plateia seria imediato.

Dava para ver a mão trêmula do vocalista enquanto eles se abraçavam no momento de entrar no palco. Embora achasse o som deles uma porcaria, achei aquela cena tocante. Ao longo do seu show, o telão tentaria ajudar exibindo umas imagens de mistério de filme de terror, além de símbolos satanistas, números 666 na tela, enquanto músicas de natureza hospitalar como "Anemia" e "Sangue".

Logo no primeiro solo de guitarra, houve um princípio de vaia. Mas o Gloria não parou. Logo depois da terceira música, suado como lutador de sumô, o vocalista Mauricio Vieira, o Mi, saiu do palco enquanto seus colegas trocam de guitarra e baixo para tomar um copo d'água. Um copinho que ele abriu com uma batida de polegar, sem olhar para o objeto. "Tá bem? Tá bem? Dá pra continuar?", perguntava aflito ao cantor um dos seus produtores.

Ofegante, Maurício fez que sim com a cabeça, mas parecia que nem estava vendo seu interlocutor. Estava em transe.

Tudo parecia ironia: o Gloria tocava uma música com o título "A Arte de Fazer Inimigos" (2011). Era a 11ª. do seu repertório de 12 canções, sob o fio da navalha dos fãs do metal pesado. "Vai pagar por me conhecer" (2011), dizia outra canção que o Gloria enfiou no repertório. Era uma ameaça ou então propaganda de companhias telefônicas? No meio da plateia, dava para ver um ou outro dedo médio em riste, mas quando Mi ia para a beirada e jogava seu estilo *headbanger mo*[1].

Foram tão corajosos quanto Rita Cadillac cantando para o pessoal do Pavilhão 9 do Carandiru. O retrato do show estava na cara do Gloria quando tudo terminou. Enquanto o pessoal da produção arrastava sua bateria para fora os instrumentos do Coheen and Cambria e do Slipknot começavam a ser montados, eles se abraçavam com os roadies e pulavam. "Vocês conseguiram, velho! Vocês conseguiram!", berrava um parente que os aguardava no fundo do palco.

"Eu tô há um ano sem dormir por causa desse show. Claro que a gente tava com medo, são algumas das maiores bandas do planeta. Teve um início de vaia, mas depois a gente virou",

1 - Moicano para cima da multidão, que reagia entusiasticamente, para o bem ou para o mal.

confessou Mi, aparentemente mais calmo, após sair ileso do show. No Rio de Janeiro, no final daquela noite, enfiados entre o público do Motörhead com suas cervejas, alguns garotos paulistanos tatuados estavam com caras mais felizes do que o pessoal ao redor. **Eles atravessaram um campo minado e não perderam nem um dente.**

WAYNE COYNE

Wayne Coyne é o tipo de rock star que pode caminhar tranquilamente pelo meio do público. Nenhuma *groupie* vai arrancar seus cabelos, nenhum chato vai importuná-lo com discos velhos para que os autografe.

Grisalho, nunca tingiu os cabelos (a não ser para alguma das fantasias que usa no palco ou nos seus filmes). Barba prateada, cabelos cacheados, roupas de cores pastéis, 53 anos, tem um aspecto ultranormal, tipo aquele vizinho que ajuda a consertar a máquina de cortar grama quebrada. Encontrá-lo no meio do público do Lollapalooza Festival 2011 em Santiago, no Chile, exigiu quase um faro de detetive. Foi de fato uma topada, porque lá estava ele, na plateia do show *hype* do ano, o da banda *neohippie* Edward Sharpe & The Magnetic Zeros.

Coyne foi um dos sujeitos a levar mais longe o conceito de "circo do *rock'n'roll*" Promoveu o encontro do pop com o teatro do absurdo de Alfred Jarry e Samuel Becket. Deu nova conformação à psicodelia, tirando-a do território exclusivo dos anos 1960 e conectando-a com outras fontes do pop menos óbvias, como os mangás, os filmes B de Hollywood, as trilhas de ficção científica. É uma noção low fi de tecnologia. **Coyne gosta de computadores, mas não é um nerd, é um intelectual à moda antiga.**

"O mundo começa de novo. E vai ser glorioso. Espetacular. Sua vida vai mudar. E você vai dizer '*fuck, yeah*!'. Essa noite, The Flaming Lips vai tornar seu mundo um lugar melhor", dizia Coyne no início de seus shows, uma liturgia.

Em Santiago, finalmente eu o conheci. Sentados no gramado sob um guarda-sol de filme britânico na Índia, conversamos por uma meia hora. Falou sobre o filme performático *Christmas em Mars* (2008), que dirigiu. "Gosto de fazer filmes. Mas não sei se faremos algo assim de novo, um filme para ser exibido em tendas. Não gostaria de lançá-lo em DVD, prefiro no cinema, que é uma experiência diferente. Não consigo imaginar as pessoas tomando cerveja, sentadas num sofá, assistindo a isso num DVD. A trilha sonora que fizemos era uma barulheira infernal, agora é dar um tempo", afirmou.

Wayne Coyne é daquele tipo de entrevistado que fala observando a reação à sua resposta, para saber se o entrevistador tem mesmo interesse naquilo ou se prefere algum outro tema. Somente aí passa a se sentir à vontade.

"Eu cresci vendo Pink Floyd, Alice Cooper. Mas nós nunca tivemos a pretensão de fazer shows com instrumentação virtuosística. Não que não tenhamos ótimos músicos na banda. Mas nossa ideia é, basicamente, como colocar tudo isso, todos os elementos, num show, criar uma atmosfera, uma espécie de caos. Gostamos dessa ideia de caos animado", ele me disse.

Sua música não está ali para evocar emoções, embora isso possa acontecer. Busca principalmente um efeito visual e intelectual, uma visão distópica do presente com base no passado e no futuro.

The Flaming Lips está há quase 30 anos injetando cor, pirotecnia e refinado sarcasmo no pop mundial. Seu show é uma festa de balões, papel picado, animadores fantasiados no palco (recrutados em meio ao público), projeções visuais e sua estética – uma construção musical quase matemática, com ênfases visuais – inevitavelmente, convence. Seus discos sempre foram um culto de poucos. Sua banda legou duas obras-primas absolutas, *The Soft Bulletin* (1999) e *Yoshimi Battles the Pink Robots* (2002),

Só fui reencontrar Wayne Coyne no Lollapalooza Festival de 2013, no Jockey Club de São Paulo. Esquisitérrimo, para dizer o mínimo. Ele encheu suas melodias de efeitos a la Brian Eno e apresentou-se segurando uma espécie de Bebê de Rosemary do pop, um boneco simulando um nenê que era conectado por espécies de enguias elétricas a uma Matrix tosca. Ele embalava o bebê-monstro e os guitarristas faziam um barulho infernal, mais dissonante que nunca. **Fantástico, como sempre.**

Bruce Springsteen

Bruce Springsteen tem porte de operário e gestos de operário, de tratorista ou estivador. Ele conserva esses símbolos proletários de sua origem como algo precioso, a camisa enrolada até o braço musculoso, as botas ferradas e de couro indelicado. O suor para ele é obrigatório, e quando o telão mostrava ao vivo sua mão suando em bicas enquanto solava a guitarra estava evidenciado o esforço, o resultado da terra lavrada: **Bruce acredita ferozmente no lema do homem que conquista com o esforço, a luta pessoal.**

E, depois do suor, era chegada a hora de oferecer o prêmio. Frente a 85 mil pessoas, no Rio de Janeiro, no Rock in Rio 2013, em uma atuação apoteótica que começou com Sociedade Alternativa, de Raul Seixas (em uma versão vigorosa, fortemente *funky, black*), ele anunciou a disposição de tocar inteiro seu disco clássico *Born in the USA*, de 1984. No início, Raulzito surgira com espantosa normalidade, uma pulsão irresistível garimpada pela E-Street Band de Springsteen, banda que ele já tem há 40 anos.

"Tocar, para esse grupo, funciona como uma ferramenta de rejuvenescimento", dissera Bruce uma semana antes, em Santiago, no Chile, durante seu primeiro encontro com jornalistas latino-americanos. Parecia bravata de velho roqueiro, mas logo ficaria

evidenciado que não era brincadeira. Ele ensaiava no ginásio Movistar Arena quando os jornalistas foram autorizados a entrar, cerca de 15 profissionais apenas. Continuou ensaiando – até as dancinhas com as vocalistas de apoio ele ensaia, mostrando uma faceta perfeccionista. Depois, veio até a beirada do palco e quebrou o gelo, deixando que lhe fizessem perguntas à vontade.

Bruce Springsteen estivera na América do Sul uma única vez, em 1988, quando excursionava por uma causa beneficente com uma trupe artística voluntária da Anistia Internacional (além dele, Peter Gabriel, Sting, Tracy Chapman e outros). Fez um *set* curto e com sabor de coisa não concluída. Nessa primeira turnê de fato pela região, estava tocando em média três horas a cada concerto.

Falou de política com cautela e de forma respeitosa. Para Bruce, a característica binária da política americana não dá muita margem para uma visão mais plural. "Nos Estados Unidos, temos sido uns franco-atiradores nos últimos 10 anos no Iraque, no Afeganistão, e é aqui, onde se vê gente dos dois lados, duas percepções políticas, que podemos pensar melhor. Para mim ainda é confuso saber o que é correto", disse.

Em cena, ninguém esperava tanto de um sujeito que já viu de tudo no *show business*. "Vocês estão sentindo o astral?", perguntou, em português, ao iniciar sua apresentação. Uma gíria antiga, "astral", encaixada em uma música também "antiga", Sociedade Alternativa, de um outsider brasileiro que fez seu caminho à margem da aceitação, com enorme capacidade para dizer não, de não se curvar a um impulso comercial. O simbolismo contido na música de Raul Seixas, que parecia destinada a fazer sentido apenas para um universo bicho-grilo, subitamente ganhou urgência e peso na voz e na banda de Springsteen.

Suas escolhas são precisas. No Chile, cantou “Manifiesto”, de Victor Jara, vítima da infame ditadura de Pinochet. É como se reafirmasse que não basta tocar, tem de haver sentido, entrega. Ladeado por seus dois guitarristas (Nils Lofgren e Steven Van Zandt), ele flanava pelo meio do público, beijava fãs, cantava segurado pelas pernas pelos espectadores, entregou o microfone a um garoto (italiano) da plateia, jogou-se entre seus adoradores. Abraçou o saxofonista Jake Clemons (sobrinho do saxofonista de sua banda que morreu, Clarence Clemons) como a um filho.

A música de Springsteen respeita a história, é ética, desprovida de egoísmo, é clara e tocante. A vibração no Rock in Rio mostrava que nada do que veio antes e nada do que viria depois naquele festival poderia ser mais relevante.